이토록 아름다운 수학이라면

이토록 아름다운 수학이라면

서가명강 03

내 인생의 x값을
찾아줄 감동의 수학 강의

최영기 지음

서울대학교
수학교육과 교수

21세기북스

차례

1부   삶에 수학이 들어오는 순간
        _사색으로 푸는 수학

"수학은 아름다움을
  추구하는 학문입니다."

수학에는 감동이 있다

수학은 아름답다고 이야기한다. 아름다움을 느낀다는 것은 그것의 가치를 안다는 말일 것이다. 그러나 나는 대학에서 수학을 전공하면서도 수학의 아름다움과 그 가치를 이해하지 못했고, 그런 나 자신에게 문제의식을 느끼며 갈등했다. 그렇게 수학에 대한 갈등을 안은 채 나는 유학을 떠났다.

수학에 대해 조금 더 깊이 공부하면서 나는 서서히 수학의 아름다움을 느낄 수 있었다. 그 이후로 수학의 아름다움에 대해 진지하게 생각하게 되었고 그 생각들이 오랫동안 쌓이고 쌓여 이렇게 한 권의 책으로 탄생하게 됐다.

수학은 아름답다.

우리는 수학에서 왜 놀라움이나 아름다움을 느낄까? 수학에서 탄생한 개념 하나하나는 짧은 시간에 한 사람의 노력에 의해 만들어진 것이 아니다. 아주 오래전부터 위대한 수학자들이 자신의 삶과 청춘을 바쳐 연구한 노력의 결과물이다. 그렇게 쌓인 위대한 생각들이 궁극적으로 어느 누군가에 의해서 정리되고 완성되어 탄생하는 것이다.

이렇게 탄생한 개념은 당대는 물론 후대의 수많은 수학자에 의해 냉엄하고 치열하게 분석되며, 이런 과정을 통해 교정되고 완성된 수학적 개념들이 책이라는 매체를 통해 많은 사람에게 전해진다.

그렇기에 수학 하나하나의 개념을 생각하면 놀라움과 아름다움을 느낄 수밖에 없다. 하나의 개념을 마주했을 때, 그 개념이 나의 생각을 뛰어넘는 어떤 깊은 의미를 지니고 있을 때 우리는 감탄을 넘어 숙연해지기까지 한다.

어떤 장소가 아름답다는 이야기를 듣고 그곳을 여행할 때를 생각해보자. 적잖이 기대를 품고 여행지에 도착했는데 생각했던 것보다 더 아름다운 광경을 목격하면 그 순간 나도 모르게 "아!" 하는 감탄사가 나온다.

차를 타고 다리 위를 달리다가 문득 서쪽 하늘을 물들이는 저녁노을을 보며 그 아름다움에 감동해 그만 코끝이 찡해지는 것도 바로 그런 경우다. 어느 시 한 구절에 감탄하는 것도 마찬가지다. 특히 내가 느끼던 어떤 마음의 상태를 한 구절의 시로 아름답게 표현해냈을 때 우리는 감동하며 그 구절을 마음속 깊이 새긴다.

수학의 모든 개념도 이와 같다. 자연을 통해서, 시를 통해서 감동과 기쁨을 느끼듯이 수학이라는 학문을 통해서도 그 이상의 감동과 기쁨을 느낄 수 있다. 수학을 공부하면서 가장 중요한 것은 개념을 발견하고 이해하는 과정 속에서 아름다움과 즐거움을 느끼는 일이다.

이 책은 학교에서 사용하고 있는 수학 용어와 개념을 기반으로 아름다움에 초점을 맞춰 내용을 전개했다. 또한 현대 수학의 의미 있는 결과들을 일반 독자들이 쉽게 이해할 수 있도록 쓰려고 노력했다.

나는 이 책을 통해 여러분이 수학의 아름다움과 가치를 느껴 수학의 본질에 대해 생각해보는 계기가 되기를 바란다. 더불어 이제라도 우리가 어떻게 수학을 가르치고 배우고 받아들여야 하는지에 대한 고민이 시작되기를 바라는 마음이다.

또한 학창 시절 수학을 떠올리면 부정적인 감정이 드는 분들은 이 책으로 하여금 수학에 대한 악몽에서 벗어나 수학의 새로운 모습을 발견하는 계기가 되기를 희망하며, 학교에 다니는 자녀를 둔 학부모들도 수학에 대한 올바른 이해를 통해 여유를 가지고 자녀가 공부하는 과정을 지켜보시기를 바란다.

이 책은 나의 아내이자 삶의 반려자인 김선자의 섬세한 교정에 의하여 한결 따뜻해지고 깊은 의미를 더하게 되었다. 아내의 사랑과 도움이 없었다면 이 책도 나의 삶도 풍요롭지 못했을 것이다. 북이십일 장보라 님, 양으녕 님의 성실하고 멋진 마무리에 대하여 감사드린다.

또한, 이 책을 쓰게끔 동기를 부여해준 류재명 교수님, 조영달 교수님, 대학원 세미나 팀의 모든 구성원에게도 감사를 드린다. 더불어 열의를 갖고 강의를 경청해준 학부 학생, 중·고등학교 학생, 초·중등학교 선생님, 학부모님, 일반인 청중들의 덕담이 이 책을 쓰는 데 많은 용기를 주었으며 그분들께도 감사를 표한다.

2019년 3월

최영기

1부 _____

삶에
수학이
들어오는

순간

/

사색으로
푸는
수학

우리는 매일 순간이라는 점으로 이루어진 삶의 도형을 만들어간다. 한 사람의 삶은 이 우주 공간에 시간의 축과 더불어 하나의 삶의 도형으로 존재한다. 지금 이 순간 당신이 만들어내는 삶의 점은 무엇인가. 그 점은 어떤 도형을 그리고 있는가.

점 —

멈추어라 순간이여,
그대 참 아름답다

기원전 300년경, 그리스의 수학자 유클리드^{Euclid}가 집필한 수학서『원론^{Elements}』은 이렇게 시작한다.

점은 부분이 없다.

이 문장이 함축하고 있는 내용은 매우 의미심장하다. 존재가 없는 것에서부터 시작한다는 발상이 놀랍기만 하다. 다시 말해 이 문장은, 수학은 '없는 것에서 부분이 있는 것으로 나아간다'는 뜻을 함축하고 있으며, 부분이 있는 모든 것은 수학의 대상이 된다는 보편성을 드러낸다. 오래전 그 시대에 어떻게 이러한 생각이 가능했을까?

없는 것에서 시작한 '점'이 모여 '선'이 되고, 선이 모여 '면'이 되고, 이런 점, 선, 면이 모여 수학적 연구 대상으로서의 하나의 형태를 이룬다. 유클리드는 점으로 시작하는 『원론』을 통해 진리에 도달하고자 했다.

점의 이야기는 수학에만 국한되지 않는다. 성경의 창세기에서도 '공허', 즉 '없는 것'으로 이야기를 시작한다. 그런데 가만히 생각해보면 무엇이든 '없는 것'에서부터 시작될 수밖에 없다. 무엇이든 있는 것에서부터 시작하면 그것을 구성하는 요소에 대한 설명이 필요하기 때문이다.

미술사에 혁명을 불러온 추상 미술의 선구자 칸딘스키도 세상을 구성하는 근본 요소가 점이라는 데서 착안해 점, 선, 면의 상호 관계를 바탕으로 자신만의 그림 세계를 구축했다.

우주 가운데 한 개인의 존재는 티끌처럼 작은 점과 같다. 또한 수많은 사람이 살아가는 사회에서 개인의 생각 역시 하나의 점처럼 미미하다. 그렇다 할지라도 그 생각들을 흘려보내지 않고 존재하게 만들면 이 생각들이 모이고 모여 변화와 혁명을 일으키고, 그럼으로써 새로운 역사가 쓰이기도 한다.

인간은 누구나 유한한 존재이며, 모든 것이 시간과 함께 흘러간다는 사실에 때때로 허무함과 무력감을 느낀다. 이렇듯 인간은 더할 나위 없이 불안정한 존재이기에 어떤 상황에서든 불변하는 진리를 갈구하는 것은 어쩌면 당연한 욕망일지도 모른다.

고대 그리스 사람들은 이 불변의 진리를 탐구하는 학문이 바로 수학이라고 생각했다. 그리스 철학자들 가운데 많은 이들이 수학자였다는 사실만 보더라도 쉽게 수긍할 수 있는 이야기다. 수학이 이처럼 진리를 찾고자 하는 학문이기에 그것을 연구하고 탐구하는 과정에는 매 순간 진지함과 사명감이 함께한다.

다시 점의 문제로 돌아가보자. 점을 현재로 대치해보면, 점과 마찬가지로 현재present라는 순간 역시 부분이 없다. 그렇지만 점이 모여 선을 이루듯이 순간이 모여 시간을 이루고, 시간이 모여 선과 같은 과거를 이루고, 그리고 그 모든 것들이 어우러져 우리의 삶을 이룬다.

괴테의 희곡 『파우스트』에서 파우스트는 살면서 가장 아름다운 순간, 붙들고 싶은 순간, 바로 그 지점에서 이렇게 말하고는 자신의 영혼을 팔았다.

멈추어라 순간이여, 그대 참 아름답다!

그러나 우리의 실제 삶은 다윗 왕이 반지에 새겨 넣은 "이 또한 지나가리라"라는 문구처럼 시간을 따라 흘러간다.

우리는 매일매일 순간이라는 점으로 이루어진 삶의 도형을 만들어간다. 그리고 그 도형의 형태는 죽음과 함께 완성된다. 점들이 모여 선과 면을 이루고 그 방식에 따라 다양한 모양의 도형이 만들어지듯이, 순간을 살아내는 방식에 따라 여러 가지 삶의 형태가 만들어진다. 그러므로 지금 우리가 만들어가는 삶의 점 하나하나가 더없이 소중하고 귀하다.

한 사람, 한 사람의 삶은 이 우주 공간에 시간의 축과 더불어 하나의 삶의 도형으로 존재한다. 만약에 시간을 거꾸로 되돌릴 수 있다면, 그래서 과거로의 여행이 가능하다면 우리가 살아오면서 만들어낸 삶의 도형을 자명하게 확인할 수 있을 것이다.

수학적으로 보면 삶은 지나간 시간의 한 축에 존재한다. 우리가 살아온, 그리고 지금 살아가는 삶은 시간상으로 이미 지나갔거나 막 지나가고 있다. 하지만 그렇다고 해서 삶이 없어지는 것은 아니다. 그 시간의 한 축에 존재하는 내 삶은 흔적을 남긴다. 그러니 더더욱 가치를 추구하며 의미 있게 살아가야 하지 않을까.

0 ―
익숙해진 소중함

'11'은 언제부터 십일(열하나)로 인식되었을까? 옛날 사람들은 수를 어떤 식으로 표기했을까? 또 현재 우리가 인식하고 있는 11(열하나)을 로마 시대의 사람들은 어떤 의미로 사용했을까?

로마 시대의 사람들은 '11'이라는 표기를 지금 우리가 알고 있는 '열하나'가 아닌 '둘(2)'로 인식했다. 사과 한 개가 있으면 1, 사과 두 개가 있으면 11, 사과 세 개가 있으면 111… 이러한 방식으로 수를 표현했다. 그러니까 '1, 2, 3…'을 '1, 11, 111…'으로 표현한 것이다. 로마 시대 사람들은 왜 지금처럼 11을 열하나로 생각하지 않고 '둘'로 생각할 수밖에 없었는지 그 답을 찾아보자.

옛날 사람들은 무언가가 없을 때 그 '없다'를 수학적으로 표현할 필요도 없었고, 그 방법 또한 마땅하지 않았다. 그러다가 '없다'는 것을 어떤 상징을 이용해 표현할 필요성이 생기자 '없음'을 기호 '0'으로 표시한 것이 아닐까 싶다.

없음을 나타내는 0은 비어 있음을 나타내기도 한다. 예를 들어 '비행기가 일등석 예약 0석으로 출발했다'라고 할 때의 0은 일등석이 없어졌다는 것이 아니고 일등석이 비어 있다는 뜻인 것처럼 말이다. 다시 말해 '있지만 빈칸'이라는 뜻이다.

지금은 너무나도 당연하게 여겨지는 숫자 '0'에 대한 생각은 인류 역사상 가장 혁명적이고 창조적인 발상 중 하나다. '10'의 경우를 살펴볼 때, 10에서 사용된 0은 빈칸이 되어 1과 다른 수가 된다. 이제 이 빈칸을 채울 수 있다. 여기에 1을 채우면 11이 되고, 2를 채우면 12가 되며, 이밖에 다른 수로도 얼마든지 빈칸을 채울 수 있다.

그러면 10은 어떤 수를 의미하는 것일까? 누구나 알다시피 10은 열 개를 나타내는 수다. 이 10이라는 숫자를 생각해냄으로써 1과 10은 단위가 다른 수를 나타내는 '자릿수'라는 개념이 탄생하게 된다. 다시 말해 11을 10의 자리

1과 1의 자리 1로 읽을 수 있는 가능성이 열린 것이다. 그럼으로써 111은 100의 자리 1과 10의 자리 1, 그리고 1의 자리 1로 구성해 백십일을 표현할 수 있다.

0을 도입함으로써 이전까지 '둘'을 '11'로 표현했던 방식을 바꾸어야 했는데, 그것이 '2'라는 이름으로 탄생한다. 마찬가지로 '셋'을 '111'로 표현하던 방식 또한 '3'이라는 이름으로 바뀐다. 이렇게 0의 발견은 수의 표현 방식을 바꾸어놓았고, 십진법의 표현이 가능하도록 했다.

이것은 인류의 수학적 발전을 급속하게 진전시킨 혁명적 사건이자 위대한 발견이다. 수학사에서의 0의 발견은 그 중요성이 자연에서의 공기와 물과 같은 가치를 지닌다. 그래서 0은 비할 바 없이 중요하지만, 인간에게 무척이나 익숙해져서 그 가치를 모르는 경우가 많다.

만약에 우리가 사는 지구에 공기나 물이 없다고 생각해보라. 상상하기도 싫을 만큼 끔찍한 일일 것이다. 마찬가지로 0이라는 숫자가 없다고 생각해보라. 0이 없으면 자릿수도 없다. 이 또한 끔찍한 일이기는 매한가지다. 0이 없던 로마 시대의 숫자 표현과 계산 방법을 한번 살펴보면 0이라는 숫자의 중요성을 더욱 분명하게 확인할 수 있다.

1 = I	10 = X	100 = C	1000 = M
2 = II	20 = XX	200 = CC	2000 = MM
3 = III	30 = XXX	300 = CCC	3000 = MMM
4 = IV	40 = XL	400 = CD	
5 = V	50 = L	500 = D	29 = XXIX
6 = VI	60 = LX	600 = DC	99 = XCIX
7 = VII	70 = LXX	700 = DCC	107 = CVII
8 = VIII	80 = LXXX	800 = DCCC	964 = CMLXIV
9 = IX	90 = XC	900 = CM	3864 = MMMDCCCLXIV

0이 없던 시절의 로마 숫자 표기법

로마 시대의 숫자 표기법을 이용해 곱셈을 한다고 생각해보자. 예를 들어 3864가 964개 있다는 것을 수학식으로 표현하면 다음과 같다.

$$
\begin{array}{r}
\text{MMMDCCCLXIV} \\
\times \quad \text{CMLXIV} \\
\hline
\end{array}
\qquad
\begin{array}{r}
3864 \\
\times \quad 964 \\
\hline
\end{array}
$$

로마 시대의 표기법 자체만으로도 문제를 풀기에는 지나치게 복잡하고 난해하지 않은가. 하지만 십진법을 사용하면 3864×964로 표현해 쉽게 곱셈을 할 수 있다. 이것만으로도 0의 존재 의미와 그 혁명성에는 의심의 여지가 없다.

0의 발견은 자릿수의 개념을 낳았고, 이를 통해 사칙연산으로 큰 수의 계산이 가능해졌다. 그리고 이러한 큰 수의 계산은 때마침 불어 닥친 산업혁명의 대량 생산에 대한 관리를 가능하게 해주었다. 0의 발견이 곧 산업혁명으로 이어진 셈이다.

물론 0을 쓰기 전에도 양수 1, 2, 3, …과 음수 −1, −2, −3, …을 사용하기는 했다. 그러나 당시 그 누구도 1과 −1 사이에 빈 곳이 있다는 것을 알아내지 못했다. 그러다가 0이 그 자리를 채우자 비로소 수가 0을 중심으로 +와 −가 대칭을 이루는 본연의 멋진 모양을 갖추었다.

우리나라에는 여전히 0의 발견 이전의 시대처럼 1층과 지하 1층 사이에 0층이 없다. 이 혁명적인 사건인 '0'의 발견을 우리는 너무도 무감각하고 당연하게 받아들이고 있는 것은 아닐까.

단순함에
진리가 숨어 있다

"삼각형의 넓이는 어떻게 구할까?" 누군가 물으면 별생각 없이 초등학교 때부터 외운 공식 (밑변×높이)÷2를 쉽게 떠올릴 것이다.

뒷장에 있는 삼각형 ABC의 밑변과 높이는 세 쌍(BC와 AP, AC와 BQ, AB와 CR)이 존재하므로, 삼각형 ABC의 넓이는 $\frac{1}{2}\times BC\times AP = \frac{1}{2}\times AC\times BQ = \frac{1}{2}\times AB\times CR$ 이다. 우리는 당연하게 이 공식을 이용해 삼각형의 넓이를 구했다. 그런데 왜 $BC\times AP=AC\times BQ=AB\times CR$일까? 만약 이 세 가지 계산 결과가 일치하지 않으면 어떤 것을 넓이로 해야 할까? 또 세 가지 계산 결과가 모두 일치하는지는 어떻게 확인할 수 있을까?

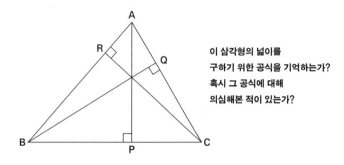

이 삼각형의 넓이를
구하기 위한 공식을 기억하는가?
혹시 그 공식에 대해
의심해본 적이 있는가?

우리는 초등학교 때부터 사용해온 이 공식에 대해 왜 의심을 품지 않았을까? 교사들을 상대로 설문 조사를 해보면 대다수가 그 이유에 대해 한 번도 생각해보지 않았다고 대답한다. 이제라도 그 이유에 대해 곰곰이 생각해보자.

잘 살펴보면 삼각형 BCQ와 ACP가 닮음삼각형이라는 (한 각은 직각으로 같고, 각 C는 공통각이므로) 사실로부터 BC × AP=AC × BQ를 얻어낼 수 있고, 마찬가지로 삼각형 CAR과 BAQ가 닮음삼각형이라는 사실로부터 AC × BQ=AB × CR을 얻어낼 수 있다. 그래서 삼각형 ABC의 넓이는 직사각형 넓이의 반으로 계산되었다는 사실을 알아낼 수 있다. 다시 말해 삼각형의 넓이는 닮음의 성질과 직사각형의 넓이로부터 나온다는 뜻이다.

그런데 여기서 질문을 조금 더 깊게 해보자. 그렇다면 직사각형의 넓이가 '밑변×높이'라는 공식은 당연할까? 이는 다소 황당한 것 같지만 매우 중요한 질문이다.

실제로 모든 각이 직각인 직사각형은 휨이 없는 평면에서만 존재한다. 공의 표면처럼 휨이 있는 공간에서는 결코 직사각형을 그릴 수 없다. 그 말을 확장해 생각해보면 지구는 둥근 모양이기 때문에 지구 표면에서는 직사각형이 존재할 수 없고 당연히 직사각형을 이용해 삼각형의 넓이를 구하는 것 또한 불가능하다.

그런데도 왜 우리는 실생활에서 삼각형의 넓이를 구할 때 항상 이 공식을 이용하는 것일까? 그것은 바로 지구 크기에 비해 넓이를 구하고자 하는 곳의 크기가 매우 작아서 그것을 평면으로 간주해도 오차의 범위가 극히 작아서 문제가 되지 않기 때문이다.

아주 오래전에 지구가 평평하다고 생각한 것과 비슷한 개념이다. 학교 운동장이 지구 표면 위에 있긴 해도 학교 운동장의 크기가 지구의 크기에 비해 엄청나게 작기 때문에 평평하다고 생각하는 것처럼 말이다.

그런데 놀랍게도 닮음이라는 개념 또한 휨이 없는 평면

에서만 생각할 수 있다. 휨이 있는 공간에서는 닮음이라는 개념이 없어서 삼각형 ABC가 지구본 같은 공의 형태에 놓여 있으면, 일반적으로 $BC \times AP$, $AC \times BQ$, $AB \times CR$이 같은 값을 갖지 않는다. 그러므로 휨이 있는 공간에서는 삼각형의 넓이를 다른 방법으로 계산해야만 한다. 그리고 그 방법은 대학교 이상 수준의 고등수학을 통해서 알 수 있다.

그런데 왜 우리는 삼각형의 넓이를 구하는 방법에 대해 의문을 품지 않았을까? 인간은 익숙하거나 길들여진 것에 대해서는 습관적으로 받아들이며 의문을 품지 않는 경향이 있다. 사회 구조에 어떤 모순적인 문제가 있는 경우에도 구성원들이 일단 그것에 익숙해지고 나면 그대로 따르기 때문에 구조가 개선되지 않는 경우가 많다.

그러나 당연시해온 것들에 질문을 던지기 시작하면 뜻밖의 깊은 깨달음을 얻는 경우가 있다. 이와 같은 질문의 중요성에 대한 논의는 수학에서 매우 중요한 부분이며, 아인슈타인의 상대성이론도, 눈부신 과학의 발전도 모두 당연한 것에 질문을 던지는 것으로부터 시작됐다. 삼각형의 넓이를 구하는 공식은 단순한 과정이지만 자세히 살펴보면 여기에도 우주의 심오한 원리가 숨겨져 있다.

수학도 인생도
선택의 연속

삶은 선택의 연속이다. 사람들은 두 갈래 길 앞에서 그중 하나를 선택한다. 그리고 가지 못한 나머지 한 길에 대해 아쉬움과 회한을 느낀다. 이러한 마음이 잘 표현된 시가 바로 그 유명한 로버트 프로스트의 「가지 않은 길」이다.

단풍 든 숲속에 두 갈래 길이 있더군요. (중략)

오랜 세월이 흐른 다음

나는 한숨지으며 이야기하겠지요.

'두 갈래 길이 숲속으로 나 있었다.

그래서 나는 ─ 사람이 덜 밟은 길을 택했고,

그것이 내 운명을 바꾸어놓았다'라고

삶에서 부딪치는 선택의 문제는 수학에서도 등장한다. 대부분의 사람이 수학은 어떤 것에 대해 정의하고 그 정의에 따라 논리적인 귀결을 찾아가는 학문이라고 생각한다. 하지만 반드시 그렇지만은 않다. 수학에서도 때로는 어느 한쪽을 선택해야 하는 경우가 있다.

그러나 이때의 선택은 반드시 뒤돌아보아도 후회가 남지 않는 것이어야 한다. 인류는 고대 시대부터 수학에서 이런 선택을 해왔고, 이 선택은 훗날 뒤돌아보아도 그것이 가장 지혜로운 것이라고 확신할 수 있는 합리적인 것이었다.

'소수란 무엇인가'에 대한 정의를 내리면서도 우리는 숫자 1을 어떻게 처리할 것인가에 관한 선택의 갈림길에 놓인다. 소수를 정의할 때는 다음 두 가지 중 하나를 선택할 수 있다.

선택 1: 소수는 1과 자기 자신 외의 자연수로는 나누어떨어지지 않는 수

선택 2: 소수는 1보다 큰 자연수 중 1과 자기 자신 외의 자연수로는 나누어떨어지지 않는 수

먼저 '선택 1'의 경우로 소수를 정의했을 때를 살펴보자. '소수는 1과 자기 자신 외의 자연수로는 나누어떨어지지 않는 수'라는 정의는 표현상 매우 자연스럽고 깔끔하다. 그러나 1이 소수가 된다면 소인수분해의 유일성에 문제가 생긴다. 소인수분해란 자연수를 소수의 곱만으로 나타내는 것인데, 12를 예로 들어 설명하면 다음과 같다.

$$12 = 2 \times 2 \times 3$$
$$= 1 \times 2 \times 2 \times 3$$
$$= 1 \times 1 \times 2 \times 2 \times 3$$
$$= 1 \times 1 \times 1 \times 2 \times 2 \times 3$$
$$\vdots$$

'선택 1'의 정의를 바탕으로 위와 같이 12를 소인수분해할 경우 1을 얼마든지 반복해서 곱할 수 있으므로 소인수분해 방법이 한 가지가 아닌 여러 가지가 가능해진다. 자연수를 소수로 인수분해할 때 소인수분해 방법이 유일하게 되지 않는 유일성의 문제가 생기는 것이다.

소인수분해의 유일성은 그 성질을 가지고 있는 수의 구

조를 풍요롭게 하는 매우 중요한 수학적 성질이다. 따라서 '선택 1'로 소수를 정의하면 표현은 자연스럽지만 그를 바탕으로 수학적인 체계를 건설할 때는 소인수분해가 유일하게 되지 않으므로 중요한 구조를 상당수 잃게 되어 결국에는 한숨지으며 후회하는 선택이 된다.

이번에는 '선택 2'의 경우로 소수를 정의했을 때를 살펴보자. '소수는 1보다 큰 자연수 중 1과 자기 자신 외의 자연수로는 나누어떨어지지 않는 수'라고 정의하면 1을 제외하게 되어 표현이 매우 어색하다. 그러나 두 가지 중 하나를 선택해야 할 때 수학에서는 표현상 자연스러운 '선택 1'의 정의가 아니라 표현상 부자연스러운 '선택 2'의 정의를 선택한다. 왜 표현이 어색한데도 불구하고 소수의 경우에서 1을 제외하는 '선택 2'의 정의를 선택할까?

$12 = 2 \times 2 \times 3$으로 소인수분해가 유일하게 결정되는 것과 같이, 1을 소수에서 제외시키면 자연수를 소수로 소인수분해할 때 소인수분해가 유일하게 하나의 방법으로 결정될 수 있기 때문이다. 소인수분해의 유일한 성질이 확보됨으로써 따라오는 여러 가지 수학의 다른 구조가 생기는데, 이것이 바로 수학의 구조를 풍요롭게 한다.

즉 소인수분해의 유일성의 결과가 자연수의 구조를 매우 풍요롭게 해서 이를 바탕으로 자연수 구조의 심오한 특징을 밝혀낼 수 있다. 그래서 수학에서 소수에 관한 정의를 '선택 2'로 택하는 것이다. 그 정의가 이루어진 뒤로는 뒤돌아보며 한숨짓는 일은 없다.

다소 어렵지만 고등학교 수학에서 배운 다음의 내용을 소인수분해의 유일성을 사용해 멋지게 해결해보자.

예: $\sqrt{2}$가 무리수임을 증명하라.

(무리수는 두 정수의 비의 형태로 나타낼 수 없는 수, 즉 분수로 나타낼 수 없는 수다.)

증명: $\sqrt{2}$를 분수의 형태로 나타낼 수 있다고 가정하자. 즉, $\sqrt{2} = \dfrac{p}{q}$(p, q는 양의 정수)라고 하자. 그러면 양변을 제곱하면 $p^2 = 2q^2$을 얻게 된다. 왼쪽 변의 p^2을 소인수분해하면, 모든 소인수가 짝수 번으로 나타나게 되어 2는 없거나 짝수 번으로 나타난다. 반면에 오른쪽 변의 $2p^2$을 소수로 소인수분해하면 2는 홀수 번으로 나타나게 되고, 이것은 같은 수인 p^2과 $2q^2$에 대한 소인수분해의 유일성에 모순된다. 따라서

$\sqrt{2}$는 분수의 형태로 나타낼 수 없으므로 무리수다.

소수는 자연수를 구성하는 기본적인 요소지만 아직 우리는 소수에 대한 성질을 잘 알지 못한다. 소수의 성질이 워낙 복잡하고 난해해서 소수는 한동안 암호론의 핵심으로 이용되었다.

삶은 선택의 연속이다. 수학에서처럼 삶 속에서도 아쉬움이 남지 않는 선택을 하기 위해서는 그 기로에 놓였을 때 합리성과 논리성을 꼼꼼하게 적용하는 수학적 정신이 필요하다. 그렇지만 인간이기에 우리의 선택은 불완전할 수밖에 없고, 때로는 그 선택이 좋지 않은 결과를 낳을 수도 있다. 이때 중요한 것은 겸손함과 긍정의 마음으로 그 선택의 결과들을 성찰하며 다시 일어서는 용기일 것이다.

아치, 세월을 견디다

고대에 지어진 아치형 건축물들은 어떻게 수천 년이 지난 지금까지도 그 무거운 무게를 지탱하며 예전 모습을 그대로 보존하고 있을까? 초등학교 때 배운 평행사변형을 기억하면 그 궁금증이 쉽게 풀릴 것이다.

다음의 사진처럼 아치형의 건물은 위로부터 전해지는 엄청난 무게를 (뒤에 설명할) 평행사변형의 원리에 따라 인접해 있는 돌들과 나누고, 그 하중을 조금씩 조금씩 아래로 옮겨 튼튼한 기둥에 전하면, 기둥은 이 하중을 자신이 뿌리박고 있는 대지로 흘려보낸다.

아치형의 건물은 서로 힘을 전달하는 와중에도 옆에 인접해 있는 돌들과 서로 힘의 평형을 이루며 아치의 모든 부

아치형 건축물이 몇천 년이 지나도 무너지지 않는 이유는 무엇일까?

분에서 힘의 균형을 맞춘다. 이것이 아치형 건물이 몇천 년의 세월을 견고하게 버텨온 이유다.

아치형의 이 강력함은 어디에서 오는 것일까? 그것은 바로 힘의 나눔, 협력으로부터 온다. 무거운 돌의 하중을 서로 나누어짐으로써 세월을 버틴다. 힘을 더 많이 나누어 가질수록 더 많은 무게를 견딜 수 있다. 아치형 구조 속에는 나눔과 협력의 아름다운 정신이 녹아 있다.

네 개의 달걀 껍데기를 반으로 잘라 아치형으로 만든 다음, 그 네 개의 아치형 달걀 껍데기를 사각형 모양으로 꼭 짓점에 놓아보자. 그리고 그 위에 10kg이 넘는 사과 상자를 올리면 어떻게 될까? 놀랍게도 달걀 껍데기는 깨지지 않는다. 연약한 달걀 껍데기도 힘을 나누면 그 정도는 버틴다. 이 원리를 평행사변형으로 표현하면 다음과 같다.

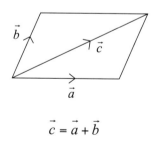

$$\vec{c} = \vec{a} + \vec{b}$$

평행사변형 그림이 뜻하는 바는 힘 c가 힘 a와 힘 b로 나뉜다는 뜻이기도 하고, 힘 a와 힘 b가 합치면 힘 c가 된다는 뜻이기도 하다. 즉 힘은 평행사변형의 원리를 따라 합쳐지기도 하고, 나누어지기도 한다.

힘이 평행사변형의 원리를 따라 합해지고, 나누어지는 것을 수학적으로 설명하는 개념을 벡터vector라고 한다. 여기서 힘은 화살표 모양으로 방향과 길이(무게)를 표현한다. 수학적으로 이 착상이 위대한 이유는 벡터라는 개념을 통해 하중(힘)을 덧셈과 뺄셈으로 분해할 수 있다는 것이다. 다시 말해 다루기 어려운 하중이라는 문제를 숫자처럼 덧셈과 뺄셈을 통해 다룰 수 있도록 했다는 것이다. 진정 위대하고도 놀라운 아이디어다.

자연 속에서도 아치형의 모습으로 힘을 나누며 세월의 풍상을 견디는 것들이 있다. 우리의 신체에서도 그런 형태를 찾아볼 수 있는데, 바로 발바닥이다. 연약한 아치형의 발바닥이 상대적으로 무거운 몸의 무게를 지탱하며 받쳐주고 있기 때문이다. 어쩌면 고대 사람들은 신이 만들어준 인간의 발바닥 모양에서 그 비밀을 발견하고 아치형의 건축물을 고안해냈는지도 모른다.

아치형의 나눔과 협력의 원리는 우리 삶에 시사하는 바가 크다. 고통은 나누면 나눌수록 작아진다는 말이 있다. 함께 나누는 삶, 함께 협력하는 삶은 우리의 삶의 무게를 가볍게 해준다.

변하지 않는 진리를 찾아서

강가에서 쉽게 볼 수 있는 동그란 돌들은 처음부터 동그란 모양이었을까? 처음 그 돌은 모가 난 뾰족한 돌덩이였을 것이다. 산 위에 있던 모난 돌덩이는 아래로 굴러떨어지면서 돌끼리 부딪치고 시냇물에 깎여 자연스럽게 둥그스레한 모습으로 강가에 도달한다. 그 뾰족한 돌덩이가 깎여 둥그런 돌이 되는 과정을 수학적으로 한번 생각해보자.

돌이 깎이고 깎이면서 모난 부분들이 둥그렇게 변하는데, 이것을 한곳으로 삐죽하게 나와 있는 모난 부분을 몸 전체로 나누는 과정이라고 볼 수 있다. 수학적으로는 이를 '돌 자신이 가지고 있는 뾰족한 정도의 합을 유지'한다고 말한다. 그 이유를 수학적으로 표현해보자.

초등학교나 중학교 때 배웠듯이 모든 다각형은 외각의 합(뾰족함의 합)이 360°다. 삼각형이건 29각형이건, 크건 작건 간에 다각형의 외각의 합은 360°다. 우리는 이러한 사실을 학교에서 수학적으로만 배웠다. 그러나 이러한 사실들을 가만히 들여다보면 매우 경이롭고도 의미심장하다. 이것을 뒤의 그림을 통해 자세히 알아보자.

삼각형에서 한 모서리를 잘라내 사각형으로 만들어도 외각의 합은 360°고, 다시 사각형에서 한 모서리를 잘라내 오각형으로 만들어도 외각의 합은 360°다. 이렇게 육각형, 칠각형, 팔각형… 계속해서 만들어도 외각의 합은 항상 360°로 유지된다는 사실을 알 수 있다.

삼각형의 한 모서리가 잘릴 때 어떤 변화가 일어나기 때문이다. 꼭짓점 하나를 포함하는 모서리를 잘라내면, 두 개의 꼭짓점이 생겨난다. 그런데 잘 관찰해보면 원래의 꼭짓점보다 새로 생긴 두 개의 꼭짓점이 덜 뾰족한 것을 알 수 있다. 꼭짓점이 뾰족하다는 것은 수학적으로 표현하면 외각이 크다는 의미다.

그림의 삼각형을 보면 외각이 120°인 꼭짓점이 잘리고 난 뒤에 외각이 각각 60°인 꼭짓점 두 개가 생겨난 것을

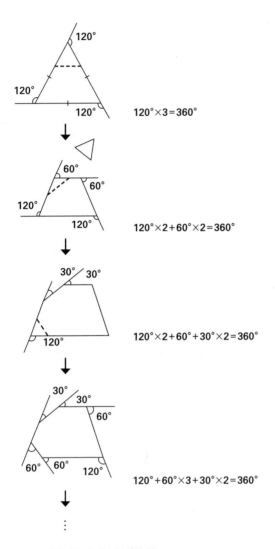

$120° \times 3 = 360°$

$120° \times 2 + 60° \times 2 = 360°$

$120° \times 2 + 60° + 30° \times 2 = 360°$

$120° + 60° \times 3 + 30° \times 2 = 360°$

⋮

다각형의 외각의 합은 왜 전부 360°일까?

알 수 있다. 뾰족함의 정도가 120°인 부분이 잘리면서 뾰족함의 정도가 60°인 두 개의 부분으로 나뉜 것이다. 그뿐만 아니라 도형은 변화하면서도 뾰족함의 합을 보존한다는 사실도 알 수 있다.

수학에서 가장 중요한 것은 이렇게 '변화하는 과정 안에서도 결코 변하지 않는 진리'다. 이것을 수학적 용어로 불변적인 성질, 즉 '불변량invariant'이라고 부른다.

이처럼 '오목이든 볼록이든 모든 다각형의 외각의 합은 360°다'라는 것은 불변량이다. 다시 말해 모든 다각형은 뾰족함의 합을 보존하는 불변적인 성질을 가지고 있다. 물론 정다각형의 외각도 360°다. 그리고 변의 수를 점점 늘리면 정다각형의 모양은 원에 가까워지며, 변의 수를 무한히 늘리면 결국 원과 가까워져 원의 외각도 360°가 된다.

이러한 현상은 3차원인 입체도형에서도 성립하며, 오목이든 볼록이든 3차원에서 모든 다면체의 외각의 합은 720°다. 하나의 다면체라고 볼 수 있는 돌이 이리저리 구르면서 모난 부분이 무뎌지는 것은, 한곳에 몰린 모난 부분을 몸 전체가 나누어 가지는 과정, 즉 뾰족함의 합을 유지하려는 성질에서 비롯된다.

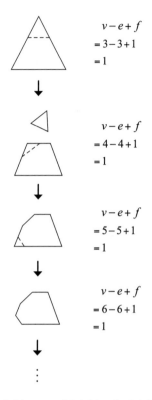

$$v - e + f$$
$$= 3 - 3 + 1$$
$$= 1$$

$$v - e + f$$
$$= 4 - 4 + 1$$
$$= 1$$

$$v - e + f$$
$$= 5 - 5 + 1$$
$$= 1$$

$$v - e + f$$
$$= 6 - 6 + 1$$
$$= 1$$

⋮

v : 꼭짓점의 개수 e : 모서리의 개수 f : 면의 개수

수학자 오일러는 꼭짓점의 개수, 모서리의 개수, 면의 개수 사이에
긴밀한 관계가 있음을 알아냈다.

이와 같은 사실을 다른 측면으로 살펴볼 수도 있는데, 바로 꼭짓점, 모서리, 면의 개수 사이의 관계다. 앞의 그림처럼 도형에서 v는 다각형의 꼭짓점vertex의 개수, e는 모서리edge의 개수, f는 면face의 개수라고 하자.

하나의 다각형에서 다른 다각형으로 계속 변화를 주는데도 $v - e + f = 1$이라는 값은 변하지 않는다. 이렇게 변하지 않는 $v - e + f$의 값을 '오일러의 수Euler's Number'라고 한다. 스위스의 수학자이자 물리학자인 오일러Leonhard Euler는 최초로 꼭짓점의 개수, 모서리의 개수, 면의 개수 사이에 수학적으로 긴밀한 관계가 있음을 알아냈다. 이것은 수학의 핵심인 위상수학의 서막을 여는 의미 깊은 발견이었다.

역사적으로 보면 외각의 입장에서 도형의 불변적인 성질을 처음으로 생각해낸 사람은 데카르트로 알려져 있고, 꼭짓점과 모서리, 면의 개수 사이의 관계에서 도형의 불변적인 성질을 처음으로 생각해낸 사람은 오일러로 알려져 있다.

그런데 이 이야기에 또 한 명의 천재가 등장한다. 바로 독일의 수학자 가우스Carl Friedrich Gauss다. 가우스는 같은 도형에 대한 이 두 개의 불변적인 성질이 결국 모두 같다는 사실을 알아냈다. 예를 들어 삼각형의 세 변이 모두 같다거나 세 각이 모두 같다는 것은 결국 둘 다 같은 정삼각형의 성질을 의미한다.

변화하는 동안 서로 다른 불변량인 외각의 합과 오일러의 수가 존재하는 것 같지만 사실은 이 두 가지 불변량도 서로 연관되어 있고, 외각의 합과 오일러의 수 사이에는 다음과 같은 관계가 성립한다.

다각형의 외각의 합

$= (v - e + f) \times 360°$

$=$ 오일러의 수 $\times 360°$

이 관계는 입체도형에서도 성립한다.

다면체의 외각의 합

$= (v - e + f) \times 360°$

$=$ 오일러의 수 $\times 360°$

위의 관계에 의하면 모든 다각형은 $v - e + f = 1$이므로 다각형의 외각의 합 = $(v - e + f) \times 360° = 1 \times 360° = 360°$다. 또한 모든 다면체는 $v - e + f = 2$가 되므로 다면체의 외각의 합 = $(v - e + f) \times 360° = 2 \times 360° = 720°$이다.

산에서 굴러떨어지는 돌덩이는 구멍이 나지 않는 한 꼭 짓점의 개수, 모서리의 개수, 면의 개수의 관계인 오일러의 수를 유지하고, 그럼으로써 뾰족함의 합을 유지한다. 수학의 법칙은 자연현상에서도 증명될 만큼 믿음직스럽고 흥미로운 학문이다.

그러나 만약 돌덩이가 굴러떨어지는 동안 구멍이 난다면 오일러 수의 관계가 변하고, 이에 따라 뾰족함의 합도 변한다. 예를 들어 구멍이 하나 생기면 오일러의 수는 0이 된다. 이것을 수학적으로 '위상적인 성질이 변화했'고 이야기한다.

인생도 마찬가지다. 우리 안에 존재하는 모난 모습들, 그 뾰족함은 나를 찌를 뿐 아니라 내 곁에 있는 사람들에게 상처를 주기도 한다. 그래서 그 뾰족함은 더더욱 스스로 깎고 또 깎아 둥글게 만들어야 한다.

뾰족한 돌덩이가 이리저리 구르는 동안 부서지고 깎이면서 동그란 돌멩이가 되듯이, 사람의 성품도 마찬가지다.

사람과 사람 사이에서 이리저리 부딪치고 깨지며 세월의 풍파와 어려움을 견뎌내다 보면 어느 순간 돌멩이처럼 둥그렇고 부드러운 성품이 되어간다. 바로 그 과정이 인격이 성숙해지는 시간이다.

그럼에도 가끔 예전의 모난 모습이 튀어나오는 것을 보면 어쩔 수 없는 인간의 불완전함을 느낀다. 사람이 성숙해져도 뾰족한 부분이 아예 없어지는 것이 아니라 여러 면으로 나뉘어 그 뾰족함의 정도가 무디어질 뿐, 여전히 저 깊은 어딘가에 존재하고 있다는 생각이 든다. 그럴 때 대개의 사람들은 자신의 성숙이 정체된다고 느껴 좌절한다.

돌덩이가 구르고 부서지면서 구멍이 나면 오일러 수의 관계가 변하고, 그에 따라 뾰족함의 합도 변한다. 돌덩이에 구멍이 남으로써 돌멩이의 본질이 변하는 것을 의미한다. 사람은 아무리 구르고 부서져도 그 본질이 변하기는 어렵지만, 돌덩이에 구멍이 생기는 것처럼 어떤 변화를 맞이하면 그것이 곧 한 단계 자신을 성숙시키는 계기가 되기도 한다. 그것이 인간 삶에서의 위상적인 성질의 변화라고 할 수 있다.

삶에 지쳐 있을 때 우리 자신에게도 위상적인 성질이 변화하도록 하는 무언가가 필요하다. 돌에게는 그것이 구멍이듯이, 자신의 현실을 뛰어넘을 수 있는 그 구멍이 무엇인지 깨달을 때 우리도 진정 변화할 수 있지 않을까 싶다.

해결의 실마리는
무엇일까

"피타고라스 선생님, 당신의 제자는 모두 몇 명인가요?"라고 누군가가 묻자 피타고라스가 대답했다.

> 내 제자의 2분의 1은 수의 아름다움을 탐구하고, 4분의 1은 자연의 이치를 공부하고 있습니다. 또 7분의 1의 제자들은 깊은 사색에 잠겨 있고, 그 외에 여성 제자가 세 사람 있습니다.

도대체 제자가 몇 명이라는 말인가? 피타고라스의 대답이 조금 황당하긴 하지만 수학적으로 풀어보면 몇 명인지 알아낼 수 있다.

구하려고 하는 것을 우선 x로 놓고 상황을 정리해보자.

여기서 우리가 구하려는 값이 피타고라스의 모든 제자의 수이므로 x는 전체 제자의 수다. 이제 x를 구하는 실마리를 찾으면 된다.

아름다움을 탐구하는 제자는 $\frac{1}{2}x$, 자연의 이치를 공부하는 제자는 $\frac{1}{4}x$, 깊은 사색 중인 제자는 $\frac{1}{7}x$, 나머지 여성 제자가 3이니 전체 제자의 수는 $\frac{1}{2}x+\frac{1}{4}x+\frac{1}{7}x+3$이고, 이 네 수의 합이 x이므로 $x=\frac{1}{2}x+\frac{1}{4}x+\frac{1}{7}x+3$이 성립해 $x=28$이 된다.

이렇게 수학식을 사용해 28명이라는 제자의 수를 구할 수 있다. 수학에서 답을 구하는 과정을 살펴보면, 일반적인 문장을 수학 문장으로 전환하고, 그 이후에 수학적인 조작을 통해 문제를 해결한다. 이때 알고 싶지만 모르는 'x'가 포함된 식을 방정식이라고 한다.

수학 문장으로 전환할 때 중요한 것은 문제를 해결하는 데 있어서 불필요한 요소를 걸러내고 형식적 조작을 하는 것이다. 피타고라스가 어떤 사람인지, 어느 시대 사람인지, 제자들이 수련을 어떻게 했는지 등 필요 없는 사고의 낭비는 걸러내고, 제자의 수에 초점을 맞추면 된다. 이러한 유형의 문제를 한번 풀어내면 이 흡사한 문제들은 비슷한 방식으로 얼마든지 풀 수 있다. 말하자면 일반적 상황에 대한 수식화 과정이 이루어지는 것이다.

문제를 해결할 때 모르는 것을 x로 놓겠다고 생각하는 것만으로도 이 문제의 절반은 해결한 셈이다. 이 당연한 과정이 막상 문제를 맞닥뜨리면 잘 떠오르지 않는다. 수학의 언어를 숙달할 때까지의 과정도 시간과 노력이 필요하다. 아이가 말을 배울 때 단어부터 시작해서 문장을 구사하기까지 상당한 시간이 필요한 것처럼, 수학 문장을 구사하는 것 역시 익숙해지기까지는 많은 시간이 필요하다. 그 시간과 과정이 학생들에게 그리 흥미롭지만은 않을 것이다.

그 유명한 아인슈타인도 처음에는 이러한 과정이 지루해서 방정식에 관련한 공부를 싫어하게 되고 수학 자체에 흥미를 잃어갔지만 지혜로운 삼촌의 가르침에 힘입어 수학에 다시 흥미를 느끼고 몰두할 수 있었다. 그의 삼촌은 아인슈타인에게 스토리텔링을 이용해 문제를 해결하도록 유도했다. 알고 싶지만 모르는 x가 범인이고, 나머지 조건들은 범인을 잡기 위한 근거라고 설명하며 아인슈타인이 실마리를 찾아 문제를 해결하도록 했다.

그런 과정을 거치면서 실마리를 발견하고 문제를 해결

하는 데 재미를 붙인 아인슈타인은 다시 수학에 흥미를 갖게 되었고, 이후 과학사에 길이 남을 위대한 이론들을 정립하는 과정에서 수학의 큰 도움을 받았다.

방정식을 푸는 데 있어서 중요한 것은 문제 해결의 실마리를 찾아내는 것이다. 때때로 단순한 문제를 필요 이상으로 너무 복잡하게 생각해서 문제의 해결을 오히려 어렵게 만드는 경우가 있다. 이는 수학에서뿐만 아니라 삶의 문제를 해결해나가는 과정에서도 흔히 있는 일이다.

방정식 풀이는 곧 문제를 해결하는 방법 가운데 하나다. 이것을 우리의 삶에 적용해보면 어떨까? 우리의 삶 또한 문제 해결 과정의 연속이라고 할 수 있다. 삶에서 마주치는 문제들은 매우 다양해서 문제마다 실마리도 다르고 해결 방법도 다르지만 어떤 문제거나 반드시 실마리는 있으며, 그 실마리는 문제 해결의 키포인트가 되기도 한다. 실마리를 찾아 순차적으로 따라가야 문제를 해결할 수도 있지만, 어떤 경우에는 역발상 같은 것이 실마리가 되어 문제를 해결하는 경우도 있다.

사람 간에 분쟁이 생겼을 때, 몸이 아플 때, 또 경찰이 범인을 밝히려 할 때 실마리를 찾는 것이 중요하다. 이러한 경우 실마리를 찾아 순차적으로 좇다 보면 문제가 해결되는 경우가 많다.

반면 문제 해결을 위한 실마리가 우리의 생각과 매우 동떨어져 있는 경우도 많다. 이때 필요한 것이 생각의 전환이나 습성의 전환이다. 그 대표적인 예가 기독교에서 다루는 원수의 문제 해결법이다. 해결의 실마리를 복수나 증오에서 찾는 것이 아니라 용서로 찾는 것이다. 수학에서 생각을 전환하면 쉽게 문제가 해결되는 예로 다음의 문제를 살펴보자.

어떤 파티에 남자 99명, 여자 1명이 참석해 남자의 비율이 99%였다. 그런데 파티 중에 몇 명이 떠나 남자의 비율이 98%가 됐다. 몇 명이 떠났을까?

언뜻 보면 답이 1~2명이 아닐까 하고 생각할 수 있을 텐데, 정말 그런지 한번 풀어보자.

우리가 알고 싶은 것은 떠난 사람의 수이므로 이것을 x라고 하자. 여기서 잠시 여유를 가지고 문제를 다시 살펴보자. 여자의 비율을 보면 처음에 $\frac{1}{100}$=1%에서 2%가 됐다. 당연히 99나 98을 다루는 것보다 1이나 2를 다루는 것이 현명한 생각이다. 여자 1명은 남아 있고, x명이 떠난 후에 남은 사람은 $100-x$이므로 $\frac{1}{100-x} = \frac{2}{100}(2\%) = \frac{1}{50}$, 즉 $x=50$이다. 다시 말해 1~2명이 아니고 50명이나 떠났다! 주어진 조건 (실마리)이 우리의 예상과 꽤나 다르게 답(해결책)이 나온 경우다.

삶의 과정에서 수없이 마주하는 문제들 가운데는 실마리를 찾아내기가 쉽지 않은 경우도 있고, 설령 찾았다 하더라도 그것을 해결하는 과정에서 시행착오를 겪을 수밖에 없는 경우도 있다. 그렇더라도 시행착오는 결코 실패가 아니다. 실패를 통해 지혜를 얻기도 하고, 더 많은 것을 아우를 수 있는 통찰력이 생기기도 한다. 시행착오는 다음에 부딪히게 될 또 다른 문제들을 보다 쉽게 해결할 수 있게 하는 새로운 눈이다.

유한한 인간이
무한을 꿈꾼다는 것

보통 우리는 수를 센다는 것을 우리의 당연한 인지 작용이라고 생각하기 쉽다. 그런데 알고 보면 수를 센다는 것은 고도의 추상성이 내포되어 있는 인지 작용이다. 수를 센다는 개념이 없던 오래전에는 어떤 것의 개수를 헤아릴 때 수를 세지 않고 그것을 다른 것에 대응시켰다.

수를 세는 개념이 없던 시절, 사람들은 그 많은 양을 키우면서 마릿수를 어떻게 짐작했을까? 그런데 신기하게도 수를 세는 방법을 몰라 양이 몇 마리인지 헤아리지 못해도, 들판에 나갔던 양이 돌아오지 않으면 그것을 금방 알아차렸다. 어떻게 그러한 일이 가능했을까?

고대의 자료를 보면 자갈돌이 들어 있는 항아리들이 발

견되곤 했다. 양 한 마리가 나갈 때마다 항아리에 있는 돌을 하나씩 밖으로 내어놓고, 다시 양들이 한 마리씩 돌아올 때마다 돌을 하나씩 항아리에 집어넣었다. 이러한 대응의 방식으로 양들이 전부 들어왔는지, 아니면 잃어버린 양을 찾으러 나가야 하는지를 가늠할 수 있었다.

이처럼 양 한 마리당, 돌 하나를 대응시키는 것을 수학에서는 일대일 대응 관계라고 한다. 이렇게 일대일로 대응시키는 방법은 인간 근원에 깔린 가장 자연스러운 사고다. 그러나 인간이 수를 세고 셈을 하는 것은 자연 발생적인 일이 아니다. 오랜 시간 동안 꽤나 편리하게 사용해오다 보니 그것이 마치 인간의 근원에 맞는 자연스러운 행위라고 착각하는 것이다.

이 착각을 깬 사람이 19세기 독일의 수학자 칸토어[Georg Cantor]다. 집합론의 창시자이기도 한 칸토어는 일대일 대응을 통해 유한에서 무한으로 가는 체계적인 방법을 생각해냈다. 두 집합 사이에 일대일 대응 관계가 성립하면 두 집합의 농도, 즉 원소의 개수의 크기는 같다고 정의함으로써 자연수 집합의 농도와 그의 부분인 짝수 집합의 농도가 같음을 다음의 그림처럼 일대일로 대응시켜 보여주었다.

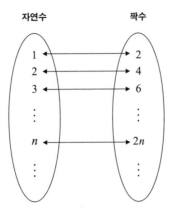

자연수

짝수

$1 \leftarrow \rightarrow 2$
$2 \leftarrow \rightarrow 4$
$3 \leftarrow \rightarrow 6$
⋮ ⋮
$n \leftarrow \rightarrow 2n$
⋮ ⋮

독일의 수학자 칸토어는 일대일 대응을 통해 유한에서 무한으로 가는 체계적인 방법을 생각해냈다.

나는 이 일대일 대응 방법이 무한에 다가가는 유일한 신의 한 수일지도 모른다고 생각한다. 놀랍게도 수학적 방법을 이용하면 1년 안에 있는 시간의 농도와 2년 안에 있는 시간의 농도가 같고, 또한 3년, 4년 안의 시간의 농도도 같음을 증명할 수 있다.

예를 들어 하루살이와 인간의 삶의 길이를 비교해보자. 인간에게 하루살이의 인생은 단 하루겠지만 하루살이는 그 하루 동안 짝을 만나 새끼를 낳으며 인간의 100년과

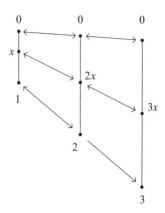

1년 안에 있는 시간의 농도와 2년 안에 있는 시간의 농도는 같다. 세상은 유한하다 해도 수학에서는 결코 허무하지 않다. 우리는 1초 안에서도 얼마든지 무한을 느낄 수 있다.

다를 바 없는 삶을 산다. 마찬가지로 1초 안의 시간의 농도와 1조 년 안의 시간의 농도가 같고, 1조 년의 시간의 농도는 1조^{1조} 년 동안의 시간의 농도와 같고… 이러한 식으로 1초 안에서도 무한을 느낄 수 있는 것이다.

이 개념을 바탕으로 우리는 신비의 세계인 무한을 마음 속에 투영시킬 수 있다. 유한한 삶을 살아가고 있지만 무한을 마음속에 그릴 수도 있고, 만나볼 수도 있다. 그래서 세상은 유한해도 수학적인 면에서는 결코 허무하지 않다.

어떤 수학자들은 유한의 막바지에서 신을 만났다고 말한다. 우리는 우리 능력의 한계를 넘어서는 곳에서 흔히 신을 찾는다. 경계에 섰을 때 더더욱 신이 간절해진다. 수학은 유한과 무한을 아우를 수 있는, 즉 유한과 무한의 경계에 걸쳐 있는 학문이다. 어쩌면 여러분도 이 경계에서 신을 만날 수 있을지 모른다.

가을엔 편지를 하겠어요

함수란 무엇일까? 함수를 생각할 때면 종종 〈가을편지〉라는 노래가 떠오른다. 아마도 편지라는 표현 때문일 것이다.

가을엔 편지를 하겠어요

누구라도 그대가 되어 받아주세요

편지는 보내는 이가 있는가 하면 그것을 받는 이가 있다는 것을 전제로 한다. 함수도 이와 마찬가지로 다음과 같은 성질을 만족시켜야 한다.

1. 하나에 하나를 대응시켜야 한다.

2. 보내면 반드시 받는 쪽이 있어야 한다.

함수에서 궁극적으로 알고 싶은 것은 어떤 방식으로 관계를 맺어 대응하는가 하는 것이다. 예를 들어 각 사람에게 이름으로 대응시킬 수도 있고, 나이로도 대응시킬 수 있으며, 그 사람이 속한 국가로도 대응시킬 수 있다. 이렇게 대응하는 규칙을 함수라고 하는데, 수학에서 관심이 있는 것은 각 대응 방식에 규칙성이 있을 때다. 둘의 관계에서 발견되는 규칙을 통해 상호관계의 관련성을 알 수 있기 때문이다.

예를 들어 경부고속도로에서 자동차로 시속 110km로 달린다면 t시간 후에 달린 거리는 $110t$가 될 것이다. 달린 거리를 y라고 하면 $y = 110t$라는 함수식이 된다. 여기서 중요한 것은 y나 t 중 하나만 알아내면 나머지 하나는 자연히 알게 된다는 점이다. 이 관계성을 통해 우리는 서울에서 부산까지의 고속도로 거리가 450km일 때, 시속 110km 정도로 쉬지 않고 달리면 4시간 이상 걸린다는 것을 알 수 있다.

여기서 간과할 수 없는 중요한 부분은 y, t와 같은 기호의 사용이다. 기호를 사용함으로써 언어의 모호성이 사라지고, 개별성에 국한되지 않는 보편성을 갖추게 된다. 유추된 $y = 110t$의 식에서 기호 y와 t의 상호관계에 초점을 맞추고, 상호관계 속에서 t가 변함에 따라 y도 비례적으로 변한다는 사실을 알 수 있다. 또한 110이라는 수가 어느 정도로 비례하는가를 결정하는 수라는 것도 알 수 있다.

그럼으로써 고속도로라는 현실 상황과 한계에서 벗어나 완전히 추상성을 띠게 되고, '만약'이라는 세계를 자유롭게 탐구해 다른 상황에서도 얼마든지 적용이 가능한 보편적인 관계를 만들어낸다.

이제 $y = 110t$라는 식은 경부고속도로에서의 거리와 시간을 유추하게 할 뿐 아니라 또 다른 개별적 상황에도 적용할 수 있다. 가령 한 달에 110만 원씩 모으면 t달 후에는 모은 돈이 $110t$가 되고, 450만 원을 모으려면 넉 달이 더 걸린다는 사실에도 적용할 수 있고, 지구에서 달까지의 거리가 약 38만 4400km이니까 만약에 시속 110km 정도로 간다고 하면 약 3494시간, 날짜로 145일 정도 걸릴 것이라는 상상도 이 관계성을 통해 알아낼 수 있다.

따라서 어떤 상황에서 상호 대응 관계가 위와 비슷하게 비례성을 띠면 그 정도를 결정하는 수를 알아내 이 현상을 함수 $y = at$ (a는 비례의 정도를 결정하는 수)로 묶을 수 있고, 이를 통해 $y = at$로 나타내는 모든 현상을 한꺼번에 다룰 수 있다.

또 다른 예를 들어보자. 공의 부피는 반지름의 세제곱에 비례하므로, 이것을 수학의 함수로 표현하면 $V = \frac{4}{3}\pi r^3$이다. 여기서 V는 부피, r은 반지름, $\frac{4}{3}$는 비례의 정도를 결정하는 수다. 이와 같은 이치로 닮은꼴의 물체에서 그 부피는 길이의 세제곱에 비례한다. 그래서 수박을 고를 때 수박의 지름이 두 배 정도 차이가 나면 양은 여덟 배 정도 차이가 난다.

또 다른 예로 아버지와 아들이 겉모습이 판에 박은 듯 닮았고 키가 두 배 정도 차이가 난다면, 몸무게는 대략 여덟 배 정도 차이가 날 테고, 몸무게에 비례해 음식을 먹는다면 그 양도 여덟 배 정도 차이가 날 것이다.

물론 함수의 관계가 비례적인 것 외에도 다양한 형태로 나타날 수 있지만 일단 함수의 관계를 수학적인 식으로 표현하면 그 현상에 대한 이해가 한 단계 쉬워진다. 그래서 과학에서는 모든 현상의 상호 관련성을 탐구해 함수로 표현하고자 노력한다.

어떤 현상이 일단 함수로 표현되면 수학적인 기법을 이용해 그 현상을 분석할 수 있고, 이를 통해 여러 다양한 현상의 이치를 깨닫게 된다. 이러한 탁월성으로 말미암아 자연과학, 경제학, 사회학 등 제반 학문에서 관계를 나타내는 현상을 연구할 때 함수는 매우 중요한 역할을 한다.

살아가면서 어떤 것과 함수관계를 이루느냐에 따라 저마다의 삶의 방향은 놀라우리만치 달라진다. 스티브 잡스는 '하루하루'를 오늘이 '마지막 날'이라는 것에 대응시키며 그날그날 최선을 다해 열심히 살았다.

좋은 생각과 좋은 책, 좋은 부모님, 좋은 선생님, 좋은 친구와 맺는 관계는 분명 긍정적인 결과를 도출해내는 함수가 될 수 있다. 더불어 나 자신도 다른 누군가에게 좋은 함수를 만들어줄 수 있는 존재가 되기 위해 노력해야 한다. 바라건대, 여러분 모두 가치 있는 것과 함수관계를 맺기 바란다.

만남의 풍요로움

서로 다른 둘이 만나면 각자의 고유의 성질을 모두 잃는 경우도 있고, 균형을 잡고자 서로 노력함으로써 각자의 재능과 능력을 더욱 풍성하게 만들기도 한다.

얻는다 / 잃는다

덥다 / 춥다

간다 / 온다

위의 단어들처럼 정반대의 개념을 가진 둘이 만나 서로의 뜻을 더 부각해주는 것처럼, 균형과 조화를 이룰 때 비로소 빛나는 아름다움이 있다. 수학에도 그러한 만남이 있다.

첫째는 양수와 음수의 만남이다. 원래 수에는 음수라는 개념 없이 양수만 있었다. 양수의 반대어인 음수가 생겨나기까지는 꽤 오랜 시간이 걸렸다. 지금처럼 원활하게 음수를 사용하기 시작한 시기는 대략 17세기경이다. 그전까지는 놀랍게도 음수를 수로 생각하지 않았다. 기원전 그리스 시대 사람들도 '만물은 수로 이루어져 있다'라고 생각할 만큼 수에 대해 깊이 있게 연구했지만, 양수에 관한 연구에 그쳤을 뿐 음수에 관한 연구 기록은 남아 있지 않다.

근대에 들어서도 음수의 개념은 있었으나 기꺼이 받아들이거나 사용할 생각을 하지 못하다가, 17세기 후반에 이르러서야 수를 수직선의 점으로 대응함으로써 음수의 개념이 정착하기 시작했다. 원점을 0이라고 할 때 오른쪽으로 가는 것을 +1, +2, +3, … 왼쪽으로 가는 것을 −1, −2, −3, …으로 나타내, 수가 원점을 중심으로 +, −의 대칭 관계를 가지면서 음수가 드디어 수학에 발을 붙이게 된 것이다. 이러한 대칭성을 통해 수는 균형과 보편성의 아름다움을 추구할 수 있게 됐다.

'2−2=0'이라는 예로 그 보편성을 한번 찾아보자. 2만큼 갔다가 다시 2만큼 돌아오면 제자리다. 2−2=0을 통해 우리는 보편적인 개념을 생각할 수 있다. 예를 들어 2를 얻었다가 2를 잃으면 본전이다. 또 기온이 2도 올랐다가 2도 내리면 원래의 온도다. 이를 통해 우리는 얻는 것이 있으면 그만큼 잃는 것도 있다는 보편적인 진리를 깨닫게 된다.

가령 나의 성취를 위해 노력한 결과 2만큼의 성과를 얻었다면, 그것으로 인해 2만큼 잃은 것도 있을 것이다. 예를 들어 가족과 함께하는 시간이나 건강 등이 그렇다. 반대로 잃는 것이 있으면 반드시 얻는 것도 있으니 서러워할 일만은 아니다. 결국 인생은 +가 있으면 -가 있고, -가 있으면 +가 있는 제로섬zero-sum과도 같다.

이러한 대칭적인 보편성의 개념은 과학 분야와 사회과학 그리고 많은 제반 학문의 기초를 형성하게 된다. 그런데 흥미롭게도 이 당연한 대칭성에 의문을 품은 사람이 나타났다. 바로 행동경제학자 리처드 탈러Richard H. Thaler다.

탈러는 '2-2=0'이 심리학적으로 틀릴 수도 있다고 주장했다. 예를 들어 우리는 우연히 만 원을 주었을 때의 기쁨보다는 만 원을 잃었을 때의 상심이 더 크다는 것이다. 그는 이 주장을 비롯해 이와 유사한 심리적 불균형을 매우 정교하게 실험한 결과 2017년에 노벨 경제학상을 받았다.

둘째는 수와 공간의 만남이다. 수직선의 발견은 수학적으로 그 의미가 매우 심오하다. 수학과 학생이 대학교 학부 과정을 통해 배우는 모든 것이 이 수직선 안에 다 있다고 할 정도로 수직선이 가지는 수학적 의미는 깊고도 크다.

그 이유는 수와 공간의 만남이 수직선에서 이루어지기 때문이다. 즉 대수를 대변하는 수와 기하를 대변하는 공간이 기가 막히게 만나 놀라운 모습을 이루는 것이 수직선이다. 서로 다른 구조의 수학이 만나 그것을 더욱더 풍요롭게 만든 경우다.

그럼 수직선에 대해 자세히 살펴보자. 먼저 '수'를 센다는 것은 통합적인 사고의 결실이다. 다음 예문에서 찾을 수 있는 공통점은 무엇일까?

부부 / 원앙 한 쌍 / 아침과 점심을 굶었더니 배가 고프다

부부는 두 명, 원앙 한 쌍도 두 마리, 아침과 점심은 두 끼, 그래서 공통점은 바로 '2'라는 수다. 이렇게 2라는 공통점을 찾아내는 것을 추상이라고 하며, 여기서 2를 찾아가는 과정들이 바로 수라는 개념이다.

그다음 수직선에서 공간적인 부분을 담당하고 있는 직선은 별똥별이 날아가는 흔적처럼 그저 끝없이 뻗어 나가는 운동의 개념이다. 공간성을 내포하는 직선과 수의 개념이 만나 이루어진 것이 수직선이다. 이 수직선은 수학적으로 매우 완전하다. 대수적으로도 완결되어 있고, 해석적으로도 완비된 매우 아름다운 수학적 대상이다. 말하자면 수직선은 수와 공간이 만나 놀라운 시너지 효과를 낸 결과물인 셈이다.

사람과 사람이 만나 관계를 맺는 것 또한 수직선의 수학적 의미와 같지 않을까 싶다. 수와 공간이 만나 아름다운 수직선을 만들어내는 것처럼, 서로 다른 두 사람이 만나 어느 쪽에도 예속되지 않고 조화를 이루며 서로를 더욱 가치 있고 풍성하게 하는 관계처럼 말이다.

수도 성장한다, 우리처럼

'수'는 원래부터 존재했던 것을 인간이 발견한 것일까, 아니면 인간이 만들어낸 하나의 발명품일까. 만약에 수가 신이 만들어놓은 신의 영역이라면, 우주상에 존재할지 모르는 외계인도 분명 수를 발견했을 가능성이 있다. 독일의 수학자 크로네커Leopold Kronecker는 다음과 같이 말했다.

신은 자연수를 만들었고, 그 밖의 모든 수는 인간이 만들었다.

이 말은 곧 끊임없이 노력하는 인간의 사고를 단적으로 보여준다. 인류는 끊임없이 생각을 거듭하며 수에서도 자연수 → 정수 → 유리수 → 실수 → 복소수의 개념을 세워

가며 수의 확장을 시도해왔다.

수의 확장 과정을 살피다 보면 유기체의 생물학적 특징이 떠오르기도 한다. 수의 체계에도 부족함을 채우며 생존하려는 생물 진화적 과정이 존재하는 것이 아닌가 하는 생각마저 든다. 수의 체계에 어떤 문제점이 발생하면, 위협을 느낀 생명체가 생존을 위해 스스로 진화하듯이 인간은 수의 체계를 확장하며 새로운 수를 구성해 그 문제를 해결해왔다. 그렇다면 그 과정을 자세히 살펴보자.

잘 알다시피 숫자 1, 2, 3, 4, 5, …를 자연수라고 부른다. 그런데 만약 이 세상에 자연수만 존재한다면 '2에서 5를 빼면 얼마일까?'에 대한 답이 애매해진다. 자연수는 특히 빼기에 취약하다. 이러한 문제에 봉착한 인간이 오랜 고민 끝에 얻은 해결책이 0과 음수라는 개념을 도입한 '정수'라는 수의 체계다.

정수는 …, -5, -4, -3, -2, -1, 0, 1, 2, 3, 4, 5, … 등으로 구성되어 있다. 정수에서는 2에서 5를 뺀 것을 음수 3이라고 하고, 그 음수를 '-'로 표기하면 마술처럼 '2-5=-3'이라는 식을 세워 문제를 해결할 수 있다. 더하기 빼기를 아무런 문제없이 할 수 있는 것이다.

그렇다면 정수는 아무런 문제도 없었을까? 사실 정수만 존재하면 곱하기와 나누기를 할 때 문제에 봉착한다. 2에 어떤 수를 곱해 3이 나왔다고 할 때, 그 어떤 수는 정수에서는 결코 찾을 수 없다. 정수는 곱하기와 나누기에서는 더할 나위 없이 취약하다.

이 문제를 해결하기 위해 인간이 선택한 과정은 '분수'라는 개념을 도입한 '유리수'라는 수의 체계다. 유리수는 a, b가 정수고, b가 0이 아닌 $\frac{a}{b}$로 표현되는 수들로 구성된다. 이 체계에서는 자유롭게 곱하기와 나누기를 할 수 있다. 유리수에서는 $\frac{a}{b} \times \frac{c}{d} = \frac{ac}{bd}$이고, $\frac{a}{b}$ 곱하기 어떤 수가 $\frac{c}{d}$라고 할 때 어떤 수는 $\frac{bc}{ad}$다. 이렇게 분수로 구성된 유리수 체계는 더하기와 빼기, 곱하기와 나누기에 있어서 완벽한 수의 체계가 된다.

그렇다면 이 유리수의 체계 또한 취약점이 있지는 않을까? 유리수 체계의 취약점을 아는 데 필요한 개념이 바로 극한limit이다. 각 항이 유리수로 이루어진 수열 $\{a_n\}$에 대해 그 수열이 수렴하는 극한값이 반드시 유리수가 되는 것은 아니다. 다음과 같이 유리수가 아닌 $\sqrt{2}$에 수렴하는 유리수의 항으로 이루어진 수열이 존재하기도 한다.

$$a_1 = 1.4, \quad a_2 = 1.41, \quad a_3 = 1.414, \quad \ldots, \quad \lim_{n \to \infty} a_n = \sqrt{2}$$

이것이 뜻하는 바는 우리가 유리수 체계 안에서만 수학을 한다면 수열이라는 매우 중요한 도구를 사용할 수 없게 된다는 뜻이다. 왜냐하면 수열의 극한값을 알 수 없는 상황에서 수열을 탐구한다는 것은 아무 의미가 없기 때문이다. 일례로 수열의 극한 개념은 미분과 적분을 할 때 가장 중요한 내용이기도 하다. 그러므로 유리수의 체계 안에서는 미분과 적분을 정립할 수 없다.

유리수의 체계는 극한값에 대한 취약점이 있으므로 인간은 더 진화된 수의 체계를 끊임없이 추구해 드디어 해결책을 찾아냈다. 그 해결책은 분수로 표현되지 않는 수, 즉 무리수를 찾아 돌파구를 열고, 드디어 '실수real number'라는 수의 체계를 완성하게 된다. 실수 안에서 극한 과정limit process 을 자유롭게 할 수도 있고, 미분과 적분이라는 개념을 완성할 수도 있다.

그럼으로써 모든 문제가 해결된 것 같았다. 하지만 방정식을 풀 때 다음과 같은 문제가 발생하고 만다. 실수 계수를 갖는 방정식이 있을 때, 그 방정식을 통해 구하려는 값을 실수에서 찾을 수 없을 때도 있기 때문이다.

예를 들어 $2x^2 + 1 = 0$이라는 2차항의 계수가 실수 2이고 상수항의 계수도 실수 1이지만 실수 안에서는 해당하는 x의 값을 도무지 찾을 수 없다. 결국 실수의 체계도 방정식의 근을 구하는 데 있어서는 부족함이 많은 수의 체계다.

이렇게 인간의 사고 탐구 과정은 또 하나의 해결책을 찾아 끊임없이 노력한 끝에 새로운 해답을 찾게 되었고, 그것이 바로 실수를 확장한 '복소수' 체계다. 복소수의 계수를 가지고 있는 모든 다항식은 복소수의 체계 안에서 근을 갖는다. 물론 실수도 복소수에 포함된다고 볼 수 있다. 예를 들어 $\sqrt{3}x^3 + (i+1)x^2 + (\pi + 3i)x + \sqrt{5}i = 0$과 같이 아무리 복잡한 복소수 계수를 가지고 있는 3차 방정식도 복소수의 해를 반드시 세 개는 가지게 된다.

복소수가 완벽하다면 수의 확장 관계도 복소수의 체계 안에서 완전히 해결될까? 물론 아니다. 복소수의 체계도 어떤 문제에 봉착해 유기체처럼 다시 성장하고 확장한다. 어떤 것도 모든 면에서 완벽할 수는 없으므로 인간의 탐구 과정은 끝없이 계속될 수밖에 없다.

다시 처음의 질문으로 돌아가보자. 수는 원래부터 존재

했던 것을 인간이 발견한 것일까? 다시 말해 인간의 이성적 사고를 통해 원래의 존재를 느끼고 탐구해나가는 것일까? 아니면 인간이 만들어낸 하나의 발명품으로서 인간의 사고와 마음이 반영된 것일까?

그 답을 단정할 수는 없지만 분명한 것은 있다. 수도 생명체처럼 시행착오를 겪으며 성장해왔고 또 성장해간다. 수는 절대 정적이지 않다. 수는 역동적이다. 그래서 수학은 결코 지루할 틈이 없는 매력적인 학문이 아닐 수 없다.

Q 묻고

A 답하기

우리나라 학생들은 정말 수학을 잘할까?

이 질문에 대해 긍정적인 측면으로 답할 수도 있지만, 여기서는 우려의 측면으로 언급하고자 한다.

최근 여러 국제적인 학업성취도 평가에서 우리나라 학생의 수학 성취도는 최상위권으로 나타났다. 또한 유학이나 해외 주재원 등의 이유로 미국이나 유럽에서 자녀를 키워본 부모들이라면 잘 알고 있듯이, 우리나라 학생들이 처음에는 그 나라의 언어가 익숙하지 않아 수업을 따라가는 데 어려움을 겪으면서도 대체적으로 수학만은 매우 잘 해낸다. 우리나라 학생들이 수학 공부 양이 많은 데다 빠르게 정답을 구하는 방식에 숙달되어 있어서 나타나는 결과일 수도 있고, 서양의 교육이 상대적으로 빠르게 정답만을 요구하는 교육 방식을 선호하지 않는 편이라 그럴 수도 있다고 조심스럽게 생각해본다.

그런데 정말 우리의 수학 교육이 계속해서 지금과 같은 방향으로 나아가도 괜찮을까? 아니면 생각한 것 이상으로 심각한 문제를 내포하고 있는 상황은 아닐까? 이에 대해 현실적으로 생각해볼 필요가 있다.

어느 철학자가 물었다. 수학을 가장 못하는 사람은 누구일까? 이 질문에 대해 우리도 한번 생각해보자. 수학을 가장 못하는 사람은 공부를 못하는 사람일까 아니면 더하기 빼기를 잘 못하는 사람일까? 그 철학자가 내놓은 대답은 '수학에 관심이 없는 사람'이었다.

이 말은 우리나라 수학 교육에 시사하는 바가 크다. 우리나라 입시에서 수학의 중요성은 점점 더 강조되고 있다. 하지만 그 의도와 달리 우리의 수학 교육이 아이들을 오히려 수학을 가장 못하는 학생으로 만들고 있진 않은지 걱정스럽다.

우리의 수학 교육은 학생들로 하여금 많은 양의 문제를 풀게 함으로써 그 경험을 통해 알고리즘화된 사고, 즉 자동화된 사고로 더 많은 문제를 더 잘 풀게 하려는 경향이 매우 강하다. 그런데 알고리즘화된 사고는 미래 사회가 요구하는 능력과는 반대 방향에 서 있는, 그다지 바람직하지 않은 사고방식이다.

물론 수학에서 문제를 푼다는 것은 매우 중요한 요소다. 그러나 문제 풀이를 통해 학생들이 배워야 할 점은 문제 해결의 기능을 습득하는 것보다 문제를 해결하는 태도를 기르는 것이다. 그리고 그 태도를 다른 부분으로까지 전이시키는 것이 수학 교육의 매우 중요한 요소 중 하나다. 또한 문제 해결에서 가장 중요한 것은 검토review하고 반성하는 단계인데, 우리나라의 수학 교육은 지나치게 많은 문제를 푸는 데 집중한 나머지 학생들 스스로 검토하고 반성할 시간을 주지 않는다.

우리나라 학생의 수학 성취도는 최상위권이지만

흥미도나 자신감은 최하위권이다. 이 현상이 의미하는 것은 무엇일까? 우리나라 학생들은 입시를 위해 이를 악물고 수학 공부를 하지만 그 이면에는 이후로는 더 이상 수학을 공부하지도 사용하지도 않겠다고 결심한 것처럼 느껴진다. 수학에 흥미를 잃은 학생들이라면 차라리 나중에 정말 필요할 때 혹은 스스로 흥미가 생길 때 수학을 공부하는 것이 본인의 인생을 위해서나 능력을 위해서도 훨씬 나을 수 있다.

무조건적인 반복 학습을 통해 실력을 향상시키려는 수학에 대한 몰이해적 태도는 학생들에게도 부모들에게도 시간과 노력은 물론 경제적으로도 낭비이며, 이는 궁극적으로 우리나라의 국가 경쟁력에 적지 않은 장애가 될 것이다. 이 얼마나 억울한 일인가? 초등학교 때부터 그 어떤 과목보다 더 열심히 수학을 공부하고, 부모들 또한 자녀의 수학 공부를 위해 시간적, 경제적 지원을 아끼지 않았건만 그 모든 것이 물거품이 되거나 오히려 불리하게 작용한다면 이 처참한 현실을 누가 책임지겠는가?

이 모든 것의 원인은 수학에 대한 잘못된 이해에

서 비롯되었다고 볼 수 있다. 가르치는 사람도 배우는 사람도, 수학에 대한 아무런 감동도 없이 그저 수학을 죽은 활자로 대하는 마음이 팽배해 있기 때문이다.

이러한 교육 환경에 대한 대가를 우리 사회가 혹독하게 치러야 할지도 모른다는 생각이 든다. 그럴 바에는 차라리 수학을 하지 않는 요일을 만들어 아이들에게 수학을 좀 덜 공부할 수 있는 환경을 만들어주고 싶은 마음이다.

2부

마음속 관념이

형태를 찾는 순간

/

아름다움으로
푸는 수학

수학은 자연현상에 대해 알고 싶은 것을 찾아가는 것뿐
아니라 우리 마음속 관념의 아름다움을 구현하는 학문
이다.

아름다운 수학 —
세상에 완전히
둥근 것은 없다

우리가 사는 세상에 완전히 둥근 것은 없다. 보통 동전을 둥글다고 생각하지만 아주 자세히 살펴보면 완벽한 원은 아니다.

그렇다면 우리는 한 번도 완벽한 원을 본 적이 없으면서 어떻게 완벽한 원을 생각할 수 있었을까? 그 완전한 원의 기준은 어디에서 왔을까? 어쩌면 그 기준은 우리의 마음속에 있는지도 모른다. 절대적인 것은 사실 눈에는 잘 보이지 않는다.

눈에 보이지는 않지만 완벽한 것, 완전한 것을 플라톤은 이데아라고 했다. 그는 이데아를 객관적이고 불변하는 사물의 본질로서 순수한 이성으로 인식할 수 있는 비물질적이며 절대적인 영원의 실재라고 했다. 완벽하게 동그랗지 않지만 동그랗다고 인식하는 것은, 우리의 본능 안에 완전함을 추구하는 본성이 있어서 인간은 운명적으로 이데아를 추구하며 살아가게 되어 있기 때문이라는 것이다.

플라톤은 수와 도형을 이데아의 한 예로 들었다. 수와 도형의 완벽한 성질과 모양으로 미루어볼 때 이것은 현실 세계에 속한 것이 아니라 이데아에 속해 있고, 또한 완전하므로 아름답다하였다. 그런 면에서 본다면 수학은 본질적으로 이데아의 세계에 속하므로 수학을 통해 아름다움을 추구하려는 것 또한 인간의 본능이다.

현상에 대한 관찰에서 시작하는 자연과학과 달리 수학은 마음속 관념의 아름다운 구현에서부터 시작한다. 곧 수학은 우리 마음속에 감추어진 혹은 우리의 두뇌 속에 감추어진 정신 구조를 나타내며, 우리 마음속에 내재해 있는 선하고 아름다운 모습을 반영한다.

수학의 구조를 살펴보면 우리가 진정으로 지향하는 모습이 무엇인지를 알 수 있다. 우리는 현상과 반응하느라, 또한 현실에 적응하느라 자기가 진정으로 원하는 모습이 무엇인지 알지 못한다.

인간은 무엇을 하든 아름다움을 추구하려는 경향을 가지고 있다. 아름다움을 추구하는 데는 본질적으로 돈이 필요하지도 않고 권력이 필요하지도 않다. 단지 우리의 마음을 여는 자세가 전부다.

본질을 추구하고 완벽한 아름다움을 추구하는 수학을 공부하는 것은 곧 우리의 눈을 아름다운 곳, 행복한 곳으로 향하게 하는 또 하나의 방법이다. 우리가 영화나 드라마를 보면서 선을 응원하는 것은 우리 안에 선한 이데아를 추구하는 인간의 본성이 자리하고 있어서가 아닐까.

그런데 본질과 아름다움, 세상의 완벽함을 추구하는 이러한 수학의 정신과 달리, 우리 사회에서는 수학을 한낱 계산이나 추론의 종류 또는 대학을 가기 위한 문제 풀이나 하는 과목으로 취급하는 경우가 흔하다. 이렇게 방법론적인 면으로만 수학을 배우고 바라본다면 수학의 본질적인 선한 기능을 찾기는 어렵다.

세상에 존재하는 어떤 것의 본질을 알게 되었을 때, 우리는 그것이 곧 그 자체로의 아름다움이라는 것을 비로소 알게 된다.

실제로 무언가에 대해 진정한 아름다움을 느꼈다면 그

것의 본질을 깨달은 것이며, 본질을 안다는 것은 대상의 참모습을 안다는 것이고, 참모습을 안다는 것은 바로 앎의 전부다. 이런 앎은 수준 높은 앎이며, 인식의 상승을 가져다주는 앎이다.

이데아로서의 수학은 참모습이므로 아름답고, 또한 그것이 우리 마음에 있음으로 해서 우리는 아름다움 자체를 바라보게 된다. 우리 스스로가 아름다운 것이 아니라 아름다움을 바라봄으로써 그 아름다움에 참여하는 것이다.

이 세상에 인간만큼 아름다움을 느끼는 존재는 없다. 인간은 아름다움을 내재하고 있기에 그것을 바라보고 추구하는 고귀한 존재며, 고귀한 존재로서의 인간은 본질적으로 평등하다. 고귀한 인간은 현상적인 모습이나 외적인 모습으로 다른 사람을 차별하거나 폄하하지 않는다. 그것이 곧 수학의 정신이다.

자기 자신에 대해서도 마찬가지다. 나 또한 아름다움이 내재해 있는 고귀한 존재이므로 본질이 아닌 현상적인 모습으로 나 스스로를 평가하거나 판단하는 것도 수학 정신에 어긋난다.

아름다운 삶에 동참하는 일이 말처럼 쉽지는 않지만 그

래도 가끔 티 없이 아름다운 것을 바라보고 그것에 참여하는 순간 삶에 큰 환희를 느끼게 된다. 그런 순간들이 많아지면 우리는 보다 참된 행복을 느낄 수 있을 것이다.

사라져버린
담배 연기의 무게

사라져버린 담배 연기의 무게는 얼마나 될까?

영화 〈스모크〉의 대사 중 한 대목이다. 이 질문은 언뜻 생각하면 황당한 것 같지만 어딘가 신비스러운 면이 있다. 실제로 이 질문의 답을 구하려면 쉽지 않아 보인다. 하지만 문제를 곰곰이 살펴보면 아주 단순하다. 담배를 피우기 전의 무게와 피운 후의 무게를 잰 뒤 그것을 계산해보라는 것이다.

같은 질문이라도 표현의 방식을 바꾸면 문제의 맛도 달라지고, 사고의 역량도 달라진다. 표현은 수학에서 매우 중요한 부분이다. 본질적으로는 같은 내용이지만 표현을 다르게 함으로써 더 멋지게 나타낼 수도 있고, 한편으로는 이해를 더 잘할 수 있도록 돕기도 한다.

'정삼각형은 각 변의 길이가 모두 같은 삼각형이다'라고 표현하는 것보다, '각 변의 길이가 모두 같은 삼각형을 정삼각형이라고 부른다'라고 표현하는 것이 더 깊이, 더 많은 생각을 하게 한다. 다시 말해 '~은 ~이다'라고 표현하는 것보다는 '~인 것은 ~라고 한다'라고 표현하는 것이 훨씬 더 효과적이라는 뜻이다.

전자의 '~은 ~이다'라는 표현이 단정적이고 일방적인 닫힌 문장이어서 타협의 여지가 없고 다소 강압적인 방식이라면, 후자의 '~인 것은 ~라고 한다'라는 표현은 '각 변의 길이가 모두 같은 삼각형이 있는데 이것을 어떻게 불러야 할까?'라는 열린 질문으로 시작한다. 그리고 이어서 '각 변의 길이가 모두 같은 사각형도 있네!'라는 또 다른 생각을 유발시키고, 이 생각은 이어서 '이것은 무엇이라고 부를까?'라는 질문을 하게 만드는 발전 지향적이며 확산적인 표현 방식이다.

수학뿐 아니라 우리의 생활 속에서도 표현 방식에 따라 얼마든지 상황이 달라질 수 있다. 예를 들어 '자유민주주의에 대한 보수-진보 진영 간의 논쟁은 치열하다'라고 한다면, 이는 각 진영이 '자유민주주의는 ~이다'라는 개념을 정해놓고 상대방 진영에 일방적으로 자기의 주장을 강요함으로써 발생하는 논쟁이다. 이러한 단정적인 표현을 사용하면 타협의 문을 걸어 닫고 편협함으로 치우치는 잘못을 범할 우려가 크다.

그러나 '~ 한 생각이 있는데 이것을 어떻게 이름 붙여야 할까?'라고 표현 방식을 바꾸면 토론과 타협의 과정을 통해 자유민주주의라는 개념이 훨씬 더 풍요로워질 수 있다.

어떻게 하면 확산적이고 열린 사고가 가능한 문장을 만들어낼 수 있을까? 가령 문장을 거꾸로 읽으면 그 의미를 확산시켜 다양한 답이 가능해지는 경우가 많고, 그것을 통해 많은 것을 생각하고 깨달을 수 있다. 과학철학자인 칼 포퍼Karl Popper는 '~는 ~이다'와 같은 정의의 방식으로 기술된 문장을 읽을 때 쓰인 대로 왼쪽에서 오른쪽으로 읽기보다는, 오른쪽에서 왼쪽으로 읽고 질문을 만들 것을 권장한다. 다시 말해 '~인 것은 ~일까?'라고 읽어보는 것이다. 다음의 문장을 거꾸로 읽어보고 질문을 만들어보자.

정사각형은 네 변의 길이가 같다.

– 네 변의 길이가 같은 사각형은 모두 정사각형일까?

– 네 변의 길이가 같기 위해서는 네 각의 각도가 반드시 같아야 할까?

– 세 변의 길이가 같은 삼각형은 정삼각형밖에 없는데, 네 변의 길이가 같은 사각형은 정사각형 외에 다른 사각형도 있는 이유는 무엇일까?

이처럼 오른쪽에서 왼쪽으로 거꾸로 읽는 방식을 활용하면 평소에 그냥 지나칠 법한 문장도 그 의미가 다르게 읽히고, 어느새 자신의 사고가 깊어지고 확장되는 경험을 할 수 있을 것이다.

사랑을 정의할 수 있을까

'사과'라는 말을 들으면 여러분은 무엇이 떠오르는가? 어떤 사람은 빨간색을, 어떤 사람은 새콤한 맛을, 어떤 사람은 둥근 모양을 생각할 것이다. 사과라는 단어 속에 들어 있는 의미를 정확하게 표현할 수 있을까? 아마도 정확한 의미 표현은 불가능할 것이다.

단어의 정의나 의미를 정확하게 파악하는 것은 어쩌면 인간의 영역에서는 불가능한 일인지도 모른다. 그런데도 우리는 가령 '사과를 샀어'라는 말을 들으면 그 말을 이해한다. 이때의 사과는 그것이 가지고 있는 모든 개념(속성)을 표현하지는 않는다.

아기들이 처음 사과라는 단어를 익힐 때 그것의 정의 대신 그림을 보고 배운다. 또한 사과라는 단어를 듣고 보고, 또 직접 맛보면서 점차 사과에 대해 자세히 알게 된다. 그러니까 어떤 단어의 개념을 형성할 때 처음부터 단어의 개념을 정확하게 규정하고 단어를 익히고 사용하는 것이 아니라 경험을 통해 그것의 개념을 점점 형성해가는 것이다.

수학에서의 언어는 어떤가? 전통적으로 수학에서는 실생활에서 우리가 사용하는 단어를 경험을 통해 개념을 형성하여 사용하는 것과 달리, 그것을 어떻게 사용해야 한다는 것을 먼저 정의하고 그렇게 정해진 의미로 용어를 사용했다.

그러나 현대 수학은 조금 다른 입장을 취한다. 현대 수학의 특징 중 하나는 정의하지 않은 용어, 즉 무정의 용어를 근본적인 기초로 삼는다. 그러면 그 규정하지 않은 용어의 의미를 어떻게 파악할 수 있을까?

그것은 어떻게 사용해야 한다는 용법, 즉 쓰임새와 양식을 지정하고 반드시 그 용법대로 사용한다. 수학을 하는 모든 사람이 그렇게 정해진 용법대로 용어를 사용하기 때문에 단어의 개념에 대한 보편성이 확보되는 것이다. 이 쓰임새를 '공리Postulate'라고 한다.

이 용법(공리)은 자연의 법칙을 반영하기도 하고, 인간의 정신을 반영하기도 한다. 예를 들어 직선에 대한 용법을 어떻게 사용하는가에 따라 두 점을 잇는 직선이 하나만 있기도 하고, 무수히 많기도 하다.

'어떤 것이 옳고, 어떤 것이 진리인가?' 하는 것은 현대 수학의 질문이 아니다. 현대 수학의 질문은 옳고 그름을 따지기보다는 '각각이 모순이 없는 체계를 가지고 있는가?' 하는 것이다. 현대 수학은 선험적으로 진리인 체계를 추구하지 않고, 어떤 현상이 있을 때 그 현상을 가장 효과적으로 잘 설명할 수 있는 최적의 무모순적인 체계를 추구한다.

'천동설이 참이냐, 아니면 지동설이 참이냐?'라는 질문 역시 현대 수학에서 다루는 질문이 아니다. 그보다는 천체의 어떤 상황이 주어졌을 때, 그 현상을 얼마나 잘 설명하느냐 혹은 해석하느냐가 현대 수학의 질문이다.

현대 수학은 서로 다른 두 점에 대해, 두 점에 놓여 있는 직선이 하나 존재하는 것이 옳은가, 여러 개 존재하는 것이 옳은가에 집중하여 논쟁하지 않고, 주어진 상황을 얼마나 효과적으로 설명하는가를 연구하는 것에 집중한다. 그러므로 상황에 따라 선택해야 할 기하가 따로 있다.

현대 철학에서도 어떤 것에 대해 옳고 그름을 규정하는 데 더는 목표를 두지 않는 것처럼, 수학에도 이 흐름은 그대로 적용되어 사용하는 용법의 차이로 그 개념을 설명한다. 사회 전반적으로 과거에는 틀림을 찾아내어 올바르게 세워가는 것이 중요했다면, 요즘은 다름을 인정하는 분위기가 수학에서도 적용되고 있다.

다름과 틀림은 분명한 차이가 있다. 서로 '다르다'는 생각은 상대방에 대한 존중이 밑바탕에 깔려 있지만 '틀리다'는 생각은 자신은 옳고 상대방은 틀렸다라는 의식이 깔려 있어서 상대방을 비난하게 한다.

수학적으로 표현하자면 내가 살아오면서 판단한 용법과 상대방이 살아오면서 판단한 용법이 서로 다른 것뿐이며, 그것은 엄연히 틀린 것이 아니다. '틀림'은 판단을 낳지만 '다름'은 존중을 낳는다.

두 사람이 서로 사랑한다고 할 때, 이 사랑의 개념을 어떻게 정의할 수 있을까? 현대 수학적인 아이디어에 따르면 '사랑은 이러이러한 것이다'라고 정의하기보다는 두 사람의 관계를 통해 결정된다.

이때 한쪽이 사랑하는 용법(방식)과 또 다른 한쪽이 사랑하는 용법(방식)이 다를 수 있다. 그렇더라도 어느 한쪽이 옳거나 틀린 것이 아니므로 자기만의 용법(방식)대로 사랑할 것을 주장하거나 강요하지 않는 것이 현대 수학이 의미하는 사랑이다.

성숙한 사랑은 상대방이 변화하기를 바라고 상대방의 부족함을 채우도록 요구하며, 상대방과의 차이를 0으로 만들기 위해 애쓰지 않는다. 서로의 차이(다름)를 인정하고, 그 사람의 전부를 있는 그대로 받아들이는 것이 수학이 의미하는 사랑이다. 수학은 비교 우위의 개념을 두지 않고 각각의 체계를 있는 그대로 인정한다. 이 또한 우리에게 시사하는 바가 크다.

본질을 보고 싶다는 욕망

추상이란 무엇일까? 피카소는 구체적인 무엇인가로 시작해서 그 현실의 흔적을 하나씩 제거할 때, 지워도 지울 수 없는 그 무엇이 바로 추상이라고 했다. 그리고 지워도 지울 수 없는 그 무엇이 곧 본질이 아닐까 생각한다.

피카소는 자신의 대표작인 〈게르니카〉를 통해 전쟁의 참상을 추상화했다. 게르니카는 독일의 폭격으로 폐허가 된 에스파냐 북부 도시다.

추상은 본질을 보고 싶다는 욕망에서 시작한다. 불필요한 것을 제거하고 맨 마지막에 남는 것, 그 본질을 그림으로 표현한 것이 추상화다. 쓸데없는 것을 제거하고 사물이 그 본질을 드러냈을 때, 사람들은 그 본질을 마주하는 순간

감동을 받게 된다. 인간은 끊임없이 본질을 보고자 하는 속성을 가지고 있으며 그것은 인간에게 때로는 아름다움을, 때로는 통찰을 선사한다.

마찬가지로 수학의 과정도 하나의 추상이다. 예를 들어 사람들이 산을 보고 삼각형 모양이라고 생각하는 것도 하나의 추상이며, 반달을 보며 반원을 생각하는 것도 하나의 추상이다.

사물의 본질과 만나려면 어떻게 해야 할까? 피카소가 말했듯이 불필요한 것들을 제거해야 한다. 쓸데없는 것들은 편견을 낳고 선입견을 품게 함으로써 본질을 흐린다. 그러한 쓸데없는 것들을 제거하고 나면 사물은 순수한 형태를 띤다. 하지만 무엇이 불필요한 것이고, 그것을 어떻게 제거해 사물의 본질만을 남길 것인가 하는 것은 결코 쉬운 문제가 아니다.

현대 수학이 이에 대해 제시하는 방법은 관계 속에서 본질을 보는 것이다. 이것은 포스트모더니즘의 철학 정신과도 관련이 있다. 현대 수학은 무정의 용어로 시작한다. 어떤 것에 대한 용어를 정의하면 곧 그것의 악순환에 빠지기 때문이다. 예를 들어 B를 이용해 용어 A를 설명하면, 또다시 B는 무엇인가라는 질문이 나오고, 다시 C를 이용해 B를 설명하면, C는 또 무엇인가라는 질문이 나온다. 이렇게 정의하는 것에 대한 악순환이 필연적으로 발생해서 결국 본질과 멀어지고 만다.

그렇다면 무정의 용어의 의미는 어떻게 결정될까? 앞에서도 말했듯이 그것은 용어들끼리 어떤 관계를 맺어주느냐에 따라, 즉 어떻게 쓰이냐를 규정하는 공리를 통하여 결정된다. 독일의 위대한 현대 수학자 중 한 사람인 힐베르트 David Hilbert는 유클리드의 평면기하를 다음의 다섯 가지 무정의 용어를 이용해 완벽하게 전개했다.

점 / 직선 / 놓여 있다 / 사이 / 합동

이 무정의 용어들은 그것이 어떻게 쓰이느냐를 규정하는 몇 개의 공리를 통해, 즉 용어들끼리의 관계에 의해 의미를 부여받는다. 예를 들어 '점, 직선, 놓여 있다'라는 용어는 '서로 다른 두 점에 대해 두 점이 놓여 있는 직선이 유일하게 존재한다'와 같은 쓰임(공리)들을 통해 점과 직선의 의미가 규정된다.

반면에 '서로 다른 두 점에 대해 두 점이 놓여 있는 직선이 여러 개 존재한다'는 쓰임(공리)을 통해 '점, 직선, 놓여 있다'라는 용어가 규정된다고 해보자. 이때 사용된 '점, 직선, 놓여 있다'라는 용어의 개념은 앞서 살펴본 경우와는 다를 것이다.

후자의 쓰임을 지키는 기하를 '비#유클리드 기하'라고 한다. 여기서 공리는 참[true]을 나타내는 것이 아니라 규정일 뿐이다. 이것은 고대 그리스 수학자들이나 유클리드가 수학을 통해 추구했던 바와는 또 다른 하나의 흐름이다.

현대 수학의 또 하나의 특징은 구조주의다. 20세기 들어 어떤 사물의 의미는 다른 사물들과의 관계에 따라 규정된다는 인식을 전제로 하는 구조주의가 탄생한다. 이 구조주의는 부르바키학파(20세기에 프랑스를 중심으로 활동한 수학자 단체)로 대변되는 수학뿐 아니라 언어학, 인류학, 심리학, 미술 등에서도 동시 다발적으로 일어났다.

부르바키학파는 수학에서 근본이 되는 모구조mother structure를 조작operation, 근방neighborhood, 순서order 등으로 보았는데, 심리학자 장 피아제Jean Piaget 역시 아동 사고의 기본 구조를 조작, 근방, 순서 등으로 보았다. 이 말은 곧 수학의 모구조가 인간의 뇌 속에 내재해 있다는 의미라고 볼 수 있다.

본질이 무엇인가에 대한 질문의 답을 찾기 위해 그동안 사람들은 여러 이론들을 만들며 주장해왔다. 서로의 의견도 다르고 해법도 다르지만 그 모두를 관통하는 것이 하나 있다. 그것은 그 모든 과정 자체가 본질을 추구하고자 하는 노력의 결정체라는 것이다.

인간은 본질에 담겨 있는 순수한 아름다움을 찾기 위해 고대로부터 지금까지 끊임없이 노력하고 있다. 그리고 그 노력은 앞으로도 계속될 것이다.

같음 —
어떤 차이가 있는가

같음 혹은 동일함이란 무슨 의미일까? 같다 혹은 동일하다
는 개념은 수학에서 가장 중요한 의미이며, 이를 어떻게 규
정하느냐에 따라 체계의 구조가 결정된다.

고대 그리스 시대 이래로 두 삼각형이 같음을 판가름하
기 위해서는 대응하는 변과 대응하는 각을 '측정'한 후, 그
것이 각각 같으면 '같음'(학교 수학에서는 합동合同이라고 부른
다)이라고 판별했다. 측정에 의해 같음의 여부를 판가름해
온 것이다.

19세기 독일의 수학자 클라인Felix Klein은 그동안 당연시해
왔던 이 생각을 뒤집었다. 클라인은 '같음이 먼저고 측정은
그에 따라온다'라고 생각했다. 예를 들어 클라인의 생각에

따라 '두 삼각형이 닮음이면 두 삼각형이 같다'라고 규정했을 때, 이러한 기하 체계에서는 모든 정삼각형이 같아져서 길이는 의미가 없지만 각도는 여전히 의미를 가짐으로써 각도에 대한 연구가 중요한 주제가 된다.

수학의 목적 중 하나가 같다는 것을 규정하고 같은 것들을 분류하는 데 있다. 그리고 같은 것들이 공통으로 가지는 성질이 무엇인가를 연구하는 것이다. 수학에서는 이것을 불변량이라고 부른다.

그러나 같다는 것을 규정하는 것은 다른 측면으로는 차이가 있다는 것을 규정하는 것이다. 예를 들어 성질 A를 불변량이라고 할 때, 두 도형 중 한 도형은 A라는 성질을 가지고 있고, 다른 도형은 A라는 성질을 가지고 있지 않다면 두 도형은 같지 않다.

'평면에서 두 도형이 같다'라는 것에 대해 한번 생각해보자. 매우 유연한 고무줄로 도형을 만드는데, 이때 고무줄을 겹치거나 끊지 않고 늘이거나 줄여서 만들 수 있는 모든 도형이 같다고 규정하자. 이렇게 규정하고 나면 다각형, 원, 타원 등 닫혀 있는 도형은 모두 같다.

그러면 이때 무엇이 불변적인 성질일까? 예를 들어 닫

혀 있는 도형의 경우에는 안에 점이 있고, 밖에 점이 있고, 경계에 점이 있다는 것이 불변적인 성질이다. 그래서 안과 밖의 점이라는 개념이 없는 직선은 닫혀 있는 도형과 같지 않다. 이러한 기하 체계에서는 각이나 길이는 의미가 없고, 점들의 위치 관계가 연구 대상이 된다.

즉 같은 공간이라고 하더라도 같다는 개념을 달리하면 다른 기하가 되고, 각각의 기하에서 불변량이 달라진다. 따라서 의미 있다고 생각되는 측면도 달라진다.

고급 수학에서 다루는 한 가지 예를 들자면, 평면에 같음이라는 개념을 달리했을 때 모든 삼각형의 내각의 합이 $180°$인 유클리드 기하가 될 수도 있고, 모든 삼각형의 내각의 합이 $180°$보다 작은 비유클리드 기하가 될 수도 있다. 그런데 이 비유클리드 기하에서는 닮은 삼각형은 항상 합동이다. 합동이 아닌 닮음이란 없으므로 내각의 합이 $150°$인 정삼각형도, 내각의 합이 $120°$인 정삼각형도 각각 하나밖에 없으며, 이 두 정삼각형은 닮음이 아니다.

쉽게 일상에서의 예를 들어보자. 손에 빨간 사과 하나를 들고 있다. 쟁반에는 파란 사과, 배, 단팥빵, 유리컵이 있다. 쟁반에 있는 것들 중 손에 든 사과와 같은 것을 고르라고 한다면 여러분은 어떤 것을 고르겠는가? 이때 파란 사과를 고른다면 그것이 정답일까? 파란 사과를 빨간 사과와 같은 것으로 고른다면 그것은 오류일 수 있다. 같다는 것이 어떤 의미인지를 규정하지 않는 한 파란 사과를 빨간 사과와 같다고 할 수는 없다.

만약 '같다'의 개념을 '같은 종류에 속하며 같은 색깔의 과일'이라고 규정한다면 답은 없다. 만약 '같다'의 개념을 '같은 종류의 과일'이라고 규정한다면 답은 파란 사과이고, 만약 '같다'의 개념을 그냥 '과일'이라고 한다면 답은 파란 사과와 배다. 또한 '같다'의 개념을 '먹을 수 있는 것'이라고 규정한다면 답은 유리컵을 뺀 나머지 전부다.

'같다'는 것은 이렇듯 그 의미를 어떻게 규정하느냐에 따라 내용이 달라진다. 초등학교 교실에서 학생들을 분류할 때 '같다'의 개념을 '대한민국 국민'이라고 한다면 아마도 거의 모든 학생이 같은 범주에 들 것이다. 하지만 '같다'의 개념을 '같은 이름의 성'으로 규정한다면 학생들은 소규모의 다양한 집단을 형성하게 될 것이다.

'우리 사회는 동등한가?'에 대한 답을 할 때도 '동등'의 개념을 어떻게 규정하는가에 따라 답은 달라진다. '동등'

의 개념에도 분명히 차이가 존재한다. 세끼 밥을 먹는 것을 '동등'의 개념으로 받아들이는 사람들도 있고, 어떤 직업에 종사하든지 공평하게 대우받는 것을 '동등'의 의미로 받아들이는 사람들도 있다.

동시대를 살아가는 사람들이 각각의 개념의 정의를 어떻게 인정하고 받아들이느냐에 따라 사회의 모습도 달라질 수밖에 없다. 폭넓고 깊은 개념을 가지면 가질수록 분명 사회는 더 공평해지고 발전해나갈 것이다.

느낌과 사실 —

감感을
신뢰할 수 있을까

감정 혹은 느낌은 우리의 삶을 풍요롭게 하기도 하고 더 큰 기쁨을 안겨주기도 한다. 하지만 때로는 우리가 무언가에 대해 느끼는 그 감정이 사실이 아니라 만들어낸 것일 가능성이 있다는 사실을 아는가?

대표적인 예로 내가 타고 있는 기차가 정지해 있을 때 옆에 있는 기차가 움직이면 마치 내가 탄 기차가 움직이는 것처럼 느껴질 때가 있다. 그러나 그 느낌은 사실이 아니다. 다른 기차가 움직이는데 마치 내가 움직이는 것처럼 느끼는 이유는 모든 현상을 절대적 기준이 아니라 상대적 기준으로 파악하기 때문이다. 그래서 우리의 느낌은 종종 오류를 범한다. 이때 사실에 근접한 판단을 하는 것은 매우 어렵지만 그만큼 중요한 문제다.

수학에서도 느낌이 사실과 다른 경우가 흔하다. 그 구체적인 사례는 예전에 미국 NBC 방송의 〈렛츠 메이크 어 딜 Let's Make a Deal〉이라는 퀴즈쇼에서도 찾아볼 수 있다. 퀴즈에서 우승한 사람에게는 다음의 방식에 따라 선택의 기회가 주어지고, 선택한 문에서 자동차가 나오면 상금으로 그 자동차를 주는 방식이었다. 선택할 때의 규칙은 다음과 같다.

1. 세 개의 문이 있다. 그중 두 개의 문 뒤에는 염소가 있고, 한 개의 문 뒤에는 자동차가 있다.

2. 우승자가 세 개 중 하나의 문을 선택하면 사회자는 이미 자동차가 어느 문에 있는지 알고 있는 상태에서 항상 염소가 있는 다른 문을 보여준다.

3. 사회자는 우승자에게 질문을 던진다. "처음 선택한 문을 그대로 선택할 것인가, 아니면 다른 문으로 선택을 바꿀 것인가?"

그 당시 대부분의 사람은 선택한 문을 바꾸나마나 자동차를 차지할 확률은 같다고 생각했다. 그러나 이러한 생각은 정확한 사실에 기반을 둔 것이 아니라 그저 느낌에 의존한 생각이다. 수학적으로 설명하면 상황을 보다 분명하게 알 수 있다.

여기서 중요한 점은 우승자가 선택한 이후 사회자가 염소가 있는 문(자동차가 없는 문)을 보여준다는 부분이다. 그러면 나머지 두 문 중 하나에는 분명 자동차가 있다.

우선 사회자가 아무런 조처도 하지 않은 상태에서 자동차가 있는 문의 선택을 바꾸면 자동차가 있는 문을 선택할 확률은 여전히 $\frac{1}{3}$이다. 그러나 사회자가 자동차가 없는 문을 말해준 상태에서 우승자가 선택하는 경우는 계산이 달라진다. 문 뒤의 상품은 두 가지고, 이미 염소가 있는 문을 사회자가 보여주었으니 남은 문 두 개 중 하나는 자동차가 분명하다.

이 상황에서의 묘미는 선택을 바꾸면 확률이 역전된다는 점이다. 우선 자동차가 있는 문을 선택했을 경우 선택을 바꾸면 염소를 받게 되지만, 염소를 선택했을 경우 선택을 바꾸면 두 개의 문 중 하나는 자동차이므로 자동차를 차지할 수 있다.

즉 선택을 바꾸면 염소를 선택한 경우의 확률 $\frac{2}{3}$가 자동차의 선택으로 바뀌고, 자동차를 선택한 경우의 확률 $\frac{1}{3}$이 염소의 선택으로 바뀐다. 다시 말해 선택을 바꾸면 자동차를 차지할 확률이 $\frac{1}{3}$에서 $\frac{2}{3}$로 높아지므로 당연히 선택을 바꾸어야 한다. 이 문제를 퀴즈쇼 사회자의 이름을 따 '몬티 홀의 딜레마Monty Hall dilemma'라고 부른다.

염소의 선택과 자동차의 선택처럼 상반되는 경우를 수학에서는 서로가 '반대쪽'에 있다고 부른다. 이 반대쪽을 '여complement'라고 하는데, 이 반대쪽을 연구하는 것이 수학에서는 매우 심오한 작업이며, 때로는 이것을 통해 뜻하지 않은 결과를 얻기도 한다.

우리가 가지는 느낌의 오류, 감성의 오류의 예는 과거에도 있었다. 그리스 사람들은 어떤 물체를 계속적으로 움직이게 하려면 계속해서 힘을 주어야 한다고 생각했다. 항상 무엇인가를 움직이려면 힘을 주어왔기에 이러한 생각은 당연시되었고, 그 당연한 생각에 대해 오랜 시간 동안 아무도 이의를 제기하지 않았다.

그러나 이 오랜 착각을 깨고 사실에 근접한 생각의 패러다임을 주장한 사람이 있다. 바로 갈릴레이다. 그는 어떤 물체가 계속해서 움직이기 위해 힘이 필요한 것이 아니라 그 물체가 방향을 바꾸거나 정지할 때 힘이 필요하다고 생각했다. 바로 관성 때문이다. 갈릴레이의 관성의 법칙은 근대 과학의 초석이 될 만큼 위대한 발견이었다.

우리가 살아가는 사회에서도 느낌과 사실을 정확하게 파악하는 일은 관계의 건강함과 풍성함을 키우는 데 있어서 매우 중요하다. 우리는 때때로 사실에 기반을 두지 않고 자신의 상황이나 느낌만으로 상황을 판단해 상대방을 오해하는 경우가 있다.

평소 친절하던 사람이 어느 날 무뚝뚝하고 별로 좋지 않은 기분으로 자신을 대하면 사람들은 그가 자신에게 화가 나 있다고 느낄 때가 많다. 그러면서 정말로 상대방이 자신에게 화가 나 있는지에 관한 사실 확인 없이, 자신이 무엇을 잘못했는지 생각하거나 상대방이 자신을 싫어하는 것 같다며 서운해한다.

물론 그런 느낌이 사실과 일치할 때도 있지만 그렇지 않은 경우도 얼마든지 있다. 사실을 배제한 상태에서 느낌으로만 모든 것을 판단하면 불필요하게 감정을 소모하거나 오해를 해서 오히려 관계를 건강하지 않게 만들 수 있다.

모든 걱정은 내게 맡겨라

성경에 '너희의 모든 걱정을 주께 맡기라'는 표현이 있다. 이때 '모든'이라는 낱말은 '하나도 빠짐없이 전부'라는 의미다.

그런데 현실적으로 인간이 모든 걱정을 하나도 빠짐없이 완벽하게 맡기는 것이 가능할까? 모든 사람은 법 앞에 평등하다는 말이 있다. 하지만 우리가 사는 세상에서 정말로 모든 인간이 법 앞에서 평등할까? 누구나 느끼듯이 모든 사람이 법 앞에서 공평하지만은 않다.

마찬가지로 '저 사람은 모든 면에서 완벽한 사람이다'라는 표현도 같은 의미에서 현실적으로 받아들이기는 어려워 보인다.

이야기를 수학으로 옮겨보자. 예를 들어 '모든 삼각형의 내각의 합은 180°다', '직선은 모든 점에서 똑바르다'라는 문장을 한번 살펴보자. 이 세상에 존재하는 경우를 찾는다면 이 문장을 증명할 수 있을까? 우리는 그것이 불가능하다는 것을 당연히 알고 있다.

그렇지만 '모든 삼각형의 내각의 합은 180°다'라거나 '직선은 모든 점에서 똑바르다'라는 생각을 할 수는 있다. 개별적인 것에서 시작해 모든 것으로 향해간다는 것은, 개별을 초월해 보편으로 나아가는 것을 말한다. 수학은 개별성을 통해 이를 초월한 보편성을 다루고 추구한다.

'모든'이라는 표현을 빈번하게 사용하는 분야 중 하나가 수학이다. 그러나 인간의 인지 능력으로는 모든, 즉 전체를 파악하는 일이 불가능하다. '모든'이라는 말 안에는 무한을 포함하고 있기 때문이다. 그러므로 아무리 좋은 보편적인 개념이더라도 '모든'이라는 말을 사용하는 순간 그것은 인간의 인지 범위를 벗어나는 일이므로 그 의미를 다루기가 거의 불가능해 보인다.

그렇다면 이 난제를 어떻게 해결할 수 있을까? 그것은 '모든'을 '임의의'라는 말로 바꾸는 것이다. 예를 들어 '모든 수에 대해 그 수를 제곱한 뒤 그 수의 두 배를 뺀 다음 1을 더하면 항상 0보다 크거나 같다'라는 진술이 있다고 가정해보자.

이 진술이 맞는지 틀리는지를 밝히려면 우선 모든 수에 대해 이 진술이 성립하는지를 확인하기 위해 모든 수를 대입해보아야 한다. 하지만 우리의 인지 능력이나 주어진 시간의 유한성으로 인해 그 방법을 사용하기란 불가능하다.

그렇지만 이 진술을 약간만 바꾸면 상황은 달라진다. 즉 모든 수를 임의의 수로 바꾸면, 임의의 수 x에 대해 $x^2 - 2x + 1$이 항상 0보다 크거나 같다는 진술이 된다. 그리고 이 진술이 형식적인 계산에 따라 $(x-1)^2$이 되어 0보다 크거나 같다는 것을 알게 되고, 이는 임의의 어떤 수에 대해서도 성립하므로 모든 수에 대해서도 성립한다. 이 단순하고도 놀라운 착상으로 우리는 무한을 다룰 수 있게 됐다.

수학이 무엇이냐는 질문에 대한 가장 좋은 답은 수학이 추구하는 개념이 무엇인가를 생각하는 것이다. 수학은 보편적인 진술을 알아내는 것을 목표로 한다. 개별적인 상황에서 모든 상황에 적용되는 보편적인 것을 찾는다면 그것은 불변하는 성질일 것이다.

사유의 새로운 지평
─────◆─────

Philos 시리즈

인문·사회·과학 분야 석학의 문제의식을 담아낸 역작들
앎과 지혜를 사랑하는 사람들을 위한 우리 시대의 지적 유산

arte

Philos 001~003

경이로운 철학의 역사 1-3

움베르토 에코·리카르도 페드리가 편저 | 윤병언 옮김

문화사로 엮은 철학적 사유의 계보

움베르토 에코가 기획 편저한 서양 지성사 프로젝트
당대의 문화를 통해 '철학의 길'을 잇는 인문학 대장정

165*240mm | 각 904쪽, 896쪽, 1,096쪽 | 각 98,000원

Philos 004

신화의 힘

조셉 캠벨·빌 모이어스 지음 | 이윤기 옮김

왜 신화를 읽어야 하는가

우리 시대 최고의 신화 해설자 조셉 캠벨과
인터뷰 전문 기자 빌 모이어스의 지적 대담

163*223mm | 416쪽 | 32,000원

Philos 005

장인: 현대문명이 잃어버린 생각하는 손

리처드 세넷 지음 | 김홍식 옮김

"만드는 일이 곧 생각의 과정이다"

그리스의 도공부터 디지털 시대 리눅스 프로그래머까지
세계적 석학 리처드 세넷의 '신(新) 장인론'

152*225mm | 496쪽 | 32,000원

Philos 006

레오나르도 다빈치:
인간 역사의 가장 위대한 상상력과 창의력

월터 아이작슨 지음 | 신봉아 옮김

"다빈치는 스티브 잡스의 심장이었다!"

7,200페이지 다빈치 노트에 담긴 창의력 비밀
혁신가들의 영원한 교과서, 다빈치의 상상력을 파헤치다

160*230mm | 720쪽 | 68,000원

Philos 007

제프리 삭스 지리 기술 제도:
7번의 세계화로 본 인류의 미래

제프리 삭스 지음 | 이종인 옮김

지리, 기술, 제도로 예측하는 연결된 미래

문명 탄생 이전부터 교류해 온 인류의 70,000년 역사를 통해
상식을 뒤바꾸는 협력의 시대를 구상하다

152*223mm | 400쪽 | 38,000원

Philos 근간

Philos 018

느낌의 발견: 의식을 만들어 내는 몸과 정서

안토니오 다마지오 지음 | 고현석 옮김 | 박한선 감수·해제

느낌과 정서에서 찾는 의식과 자아의 기원

'다마지오 3부작' 중 두 번째 책이자 느낌-의식 연구에
혁명적 진보를 가져온 뇌과학의 고전

135*218mm | 544쪽 | 38,000원

Philos 019

현대사상 입문: 데리다, 들뢰즈, 푸코에서
메이야수, 하먼, 라뤼엘까지 인생을 바꾸는 철학

지바 마사야 지음 | 김상운 옮김

인생의 '다양성'을 지키기 위한 현대사상의 진수

이해하기 쉽고, 삶에 적용할 수 있으며,
무엇보다도 마음을 위로하고 격려하는 궁극의 철학 입문서

132*204mm | 264쪽 | 24,000원

Philos 020

자유시장: 키케로에서 프리드먼까지,
세계를 지배한 2000년 경제사상사

제이컵 솔 지음 | 홍기빈 옮김

당신이 몰랐던, 자유시장과 국부론의
새로운 기원과 미래

'애덤 스미스 신화'에 대한 파격적인 재해석

132*204mm | 440쪽 | 34,000원

Philos 021

지식의 기초: 수와 인류의 3000년 과학철학사

데이비드 니런버그·리카도 L. 니런버그 지음 | 이승희 옮김 | 김민형 추천·해제

서양 사상의 초석, 수의 철학사를 탐구하다

'셀 수 없는' 세계와 '셀 수 있는' 세계의 두 문화,
인문학, 자연과학을 넘나드는 심오하고 매혹적인 삶의 지식사

132*204mm | 626쪽 | 38,000원

Philos 022

센티언스: 의식의 발명

니컬러스 험프리 지음 | 박한선 옮김

따뜻한 피를 가진 것만이 지각한다

지각 동물, '센티언트(Sentients)'의 기원을 찾아가는
치밀하고 대담한 탐구 여정

135*218mm | 340쪽 | 30,000원

수학에서의 보편성이란 우리 모두에게 평등하게 주어지는 어떤 것이다. 이렇게 개별적으로 일어나는 변화적 상황에서 변치 않는 불변적인 성질을 연구하는 것이 바로 수학의 목표다.

완벽함을 추구하는 수학은 우리가 인지하는 세상이 전부가 아니라고 말한다. 우리는 자연에서 일어나는 현상들을 우리의 뇌로 이해한다. 그렇지만 우리의 뇌가 인지하지 못한다고 해서 다른 현상이 없는 것은 아니다.

산에서만 살던 어린아이가 파도가 일렁이는 바다를 상상하지 못한다고 해서 바다가 없는 것은 아닌 것과 같다. 우리가 인지하는 것들은 광활한 자연에 비하면 먼지 수준에 불과하다. 하지만 수학은 우리를 광활한 자연을 향한 인지의 바다로 이끈다.

플라톤을 비롯한 많은 고대 학자들은 이 세상은 완벽함의 그림자이고 완벽함의 세상, 즉 이데아가 존재하며, 인간은 그것을 갈망한다고 말했다. 그리고 그 완벽함, 이데아를 수학이라는 학문을 통해 보여주고자 했다.

완벽한 아름다움을 추구하는 수학 정신은, 불공평하고 불안정한 세상을 보다 더 완전하고 보다 더 아름답게 만들도록 노력하는 태도를 길러준다. 그래서 우리가 진정으로 수학을 이해하고 올바르게 공부한다면 이 세상은 지금보다 더 아름다워질 것이다. 수학을 통해 완벽함을 생각하고, 무한을 생각하고, 신을 생각할 수 있다는 것 자체만으로도 수학은 신이 인간에게 준 축복이 아닐까.

거리 —
함께 있되 거리를 두라

보통 '거리'라고 하면 두 점 사이의 직선거리를 말한다. 직선거리는 두 점 사이의 최단 거리다. 그런데 꼭 직선만이 최단의 거리일까? 다음의 경우를 생각해보자.

반대편 끝이 거의 보이지 않을 만큼 큰 호수가 있다고 하자. 호숫가의 한쪽 나무에서 반대쪽에 있는 나무 사이의 최단 거리는 어떻게 측정할 수 있을까? 호수 한쪽 끝에서 다른 한쪽 끝의 직선거리만이 최단 거리일까? 때로는 직선이 최단 거리가 아닐 수도 있다.

극단적인 예로 태평양을 호수라고 가정하고 다음의 상황에서 최단 거리를 구하는 방법을 생각해보자. 부산 해운대에 있는 나무에서 미국 샌프란시스코 해안가에 있는 나무까지의 최단 거리를 직접 측정하는 방법으로는 어떤 것들이 있을까?

첫째, 두 나무 사이의 최단 거리를 측정하기 위해서는 호수의 표면을 따라 측정하는 것보다는 물 아래로 들어가 측정하는 것이 더 정확할 것이다. 왜냐하면 지구는 둥글기 때문에 호수의 표면을 따라 재는 것은 엄밀하게 말하면 직선이 아니고 약간 곡선이기 때문이다.

둘째, 배를 타고 두 나무 사이의 최단 거리를 잴 때는 어떻게 재야 할까? 이때는 물속으로 들어갈 수 없으니 호수 표면을 따라 측정하는 것이 최단 거리일 것이다.

셋째, 이번에는 물을 통과하지 않고 호수 양 끝에 있는 두 나무 사이의 최단 거리를 측정하고자 한다면 어떤 방법이 있을까? 이때는 호숫가의 주변을 따라 측정하면 된다.

그러면 어떤 것을 거리로 취해야 할까? 이 답은 거리를 어떻게 정의하느냐에 달려 있다. 수학에서 거리는 매우 중요하고 심오한 개념이다. 수학에서는 여러 가지 시행착오 끝에 다음 세 가지 조건을 만족시키는 것을 '거리'라고 정의하기로 했다.

조건 1: 두 점 사이의 거리는 0보다 크거나 같고, 이때 두 점 사이의 거리가 0인 경우는 두 점이 같은 점인 경우에 한한다.

조건 2: 두 점 A와 B의 거리를 생각할 때, A에서 B까지의 거리와 B에서 A까지의 거리는 같다.

조건 3: 임의의 점 A, B, C가 있을 때, 두 점 A, C의 거리는 두 점 A, B의 거리와 두 점 B, C의 거리를 더한 것보다 같거나 짧다. 즉 삼각형 ABC를 생각해보라.

거리를 만족시키는 세 가지 조건이 단순하므로 두 점 사이의 거리를 다양하게 줄 수 있다. 직선 위 점들 사이에 거리를 주는 예를 들어보자.

첫 번째 예로 학교 수학에서 배운 대로 자를 이용해 재는 거리다. 이 거리를 '절댓값'이라고 한다. 점 a에서 b까지의 거리를 수학 기호로 표현하면 $|a-b|$이다. 예를 들어 $|2-5|$의 뜻은 2에서 5까지의 거리이고 그 절댓값은 3이다. 또한 $|a|=|a-0|$이므로 이것은 a에서 0까지의 거리를 뜻하며, $|-5|=|-5-0|$은 -5에서 0까지의 거리이므로 5가 절댓값이 된다.

두 번째 예는 다소 극단적이지만, 직선에서 임의의 다른 두 점 사이의 거리를 무조건 1이라고 정하자. 그렇게 해도 위의 '조건 1, 2, 3'을 만족시킨다. 이렇게 거리를 정해놓으면 첫 번째 예처럼 자나 도구를 이용해 거리를 '잰다'는 개념을 넘어 추상적인 관점이 가능해진다. 그러면 어떤 모임에서 대상 간의 거리 개념을 생각해볼 수도 있고, 사회 조직에서 두 집단 간의 거리라는 개념도 생각해볼 수도 있고, 두 전자파 사이의 거리 개념도 생각해볼 수 있다.

두 대상 사이에 거리가 있다는 것은, 각 대상을 중심으로 거리가 얼마 이내에 있는 것들을 모은 근방이 있다는 개념을 내포한다. 근방은 수학에서 매우 중요한 개념 중 하나다. 거리가 있음으로써 근방을 쉽게 얻어낼 수 있다.

근방의 개념을 쉽게 이해할 수 있도록 설명해보자. 먼저 서울과 부산, 두 지점의 거리를 x라고 하자. 이 거리의 $\frac{1}{3}x$를 반지름으로 잡아 서울을 중심으로, 그리고 부산을 중심으로 두 개의 원을 그리면 서울을 중심으로 한 원 안의 영역과 부산을 중심으로 한 원 안의 영역이 생긴다. 원 안의 그 영역을 서울과 부산의 근방이라고 할 수 있다. 또한 이 두 근방은 공통부분이 없다.

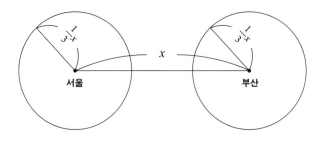

서울과 부산을 중심으로 그린 원의 영역이 서울과 부산이 각각 가지고 있는 근방이다.

이와 같이 두 대상 사이의 거리가 x일 때 각 대상에는 근방이라는 개념이 존재한다. 수학에서 중요하게 생각하는 것은 각각의 근방에서 성질 a가 성립할 때, 그 성질 a가 전체에서도 성립하는가 아닌가의 여부다. 근방이 있으므로 각 점마다 근방에서 성립하는 수학적 성질을 고려할 수 있고, 그 성질이 전 대상에서도 성립하는가를 생각해볼 수도 있다. 그것을 수학에서는 '각 점마다의 국소적 성질이 전체적인 성질이 될 수 있는가'의 문제라고 한다.

예를 들어 실수와 달리 자연수에서는 각 점에서 보면 옆의 점들과 떨어져 있는 성질이 있는데, 전체 자연수에서 보아도 서로 떨어져 있다. 그러나 어떤 점도 0에서 재면 유한한 거리를 가지고 있지만 아무리 유한한 큰 거리라도 0에서 그 거리 안으로 모든 자연수를 가둘 수는 없다. 즉 자연수 전체를 유한한 거리 안에 모두 모을 수는 없다.

이것을 사회에 적용하면 어떻게 될까? 수학에서 어떤 성질이 있을 때 국소적으로 성립하는 것이 전체적으로도 성립하는지가 중요한 문제이듯이, 사회에서도 국소적으로 성립하는 것이 전체적으로도 성립하는지는 그 사회가 어디로 가고 있는지의 방향성을 말해준다.

사회 각각의 구성원이 각자 즐거움을 추구한다면 사회 전체도 즐거움을 추구하는 것인가라는 질문을 던졌을 때, 아마도 그렇지 않다는 답이 나올 가능성이 크다. 사회 각각의 구성원이 똑같은 가치관을 공유하고 있다면 전체가 추구하는 바도 같을 수 있다. 다시 말해 각 개인의 근방에서 성립하는 성질이 전체에서도 성립하는지는 확신할 수 없다는 뜻이다. 수학도 마찬가지다.

사랑하면 흔히 거리가 가까워진다고 말한다. 그러면 이때의 거리도 수학적인 거리일까? 앞에서 제시한 거리의 '조건 2'를 다시 한 번 떠올려보자.

사회

개인

사회 구성원이 각각 즐거움을 추구한다고 해서 사회 전체도 즐거움을 추구한다고 볼 수 있을까?

조건 2: 두 점 A와 B의 거리를 생각할 때, A에서 B까지의 거리와 B에서 A까지의 거리는 같다.

예를 들어 어느 한쪽이 짝사랑하는 사이인 A와 B가 있을 경우, A가 생각하는 B와의 거리와, B가 생각하는 A와의 거리가 같지 않음이 대표적인 경우다. 사람과 사람의 마음의 거리는 수학적인 거리가 아니다. 두 사람의 관계에서 A가 생각하는 B와의 거리와, B가 생각하는 A와의 거리는 같지 않은 경우가 많다. 사람과 사람 사이의 거리에 수학의 거리 '조건 1'을 적용해보자.

조건 1: 두 점 사이의 거리는 0보다 크거나 같고, 이때 두 점 사이의 거리가 0인 경우는 두 점이 같은 점인 경우에 한한다.

두 사람의 거리가 0인 경우는 거의 불가능에 가까우며, 두 사람 간의 거리는 언제나 존재할 수밖에 없다. 각각의 생각과 자라온 배경이 다른 두 사람은 아무리 가까워도 한 사람이 될 수 없다. 만약 두 사람 사이의 거리가 0인 관계가 있다면 그것은 어느 한쪽이 상대방과 동일해질 수밖에 없는 구조이므로 이 관계에서 각각의 발전이라는 개념은 생각하기 어렵다.

거리가 0이라는 의미는 어쩌면 한쪽의 일방적인 헌신이나 상대방의 강압에 의해 이루어진 관계일 가능성이 크다. 사람들은 사랑하면 서로 하나가 되어야 한다는 강박관념을 가지고 있다. 그래서 어떤 사람은 두 사람 사이의 거리를 0으로 만들기 위해 상대방에게 자기의 생각을 강요하거나 주입하려고 한다.

반대로 어떤 사람은 상대방과의 거리를 없애기 위해 혹은 상대방과 같아지기 위해 자신의 주관을 버린 채 상대방에게 모든 것을 맞춘다. 이러한 관계 설정은 두 사람 사이의 거리를 오히려 멀어지게 한다.

이에 반해서 두 사람 사이의 거리를 긍정적인 관점으로 인정하는 자세는 상대방에 대한 인정과 배려를 낳고 두 사람 사이의 거리를 건강하게 유지시킬 수 있다. 서로의 다름을 인정하고 서로를 격려하며 배우는 자세를 통해 두 사람 사이에 적당한 거리가 유지되면, 이로써 둘의 관계는 더욱 풍요롭고 아름다워진다.

수학에서도 어떤 공간에 거리를 줄 수 있다면, 그 공간의 구조가 풍요롭다고 말한다. 어떤 공간에 항상 거리를 줄 수 있는 것은 아니어서, 거리를 줄 수 없는 공간은 매우 빈약한 구조를 갖는다. 수학과 마찬가지로 아무리 사랑하는 사이라고 해도 둘 사이에 거리가 없다면 그 관계는 풍요롭지 못하다. 이를 아름답게 묘사한 시가 있다. 칼릴 지브란의 「함께 있되 거리를 두라」라는 시다.

함께 있되 거리를 두라.

그래서 하늘 바람이 너희 사이에서 춤추게 하라.

서로 사랑하라.

그러나 사랑으로 구속하지는 말라.

그보다 너희 혼과 혼의 두 언덕 사이에

출렁이는 바다를 놓아두라.

서로의 잔을 채워주되 한쪽의 잔만을 마시지 말라.

서로 가슴을 주라.

그러나 서로의 가슴속에 묶어두지는 말라.

함께 서 있으라.

그러나 너무 가까이 서 있지는 말라.

사원의 기둥들도 서로 떨어져 있고

참나무와 삼나무는 서로의 그늘 속에선 자랄 수 없다.

노예 해방 선언에 스며든 아름다운 정신

1863년 1월 1일, 미국의 링컨 대통령은 노예 해방 선언을 했다. 다음은 그 선언문의 일부다.

현재 미국에 대해 반란 상태에 있는 주 또는 주 일부의 노예들은 1863년 1월 1일 이후부터 영원히 자유의 몸이 될 것이다. 육해군 당국을 포함해 미국의 행정부는 그들의 자유를 인정하고 지켜줄 것이며, 그들이 진정한 자유를 얻고자 노력하는 데 어떤 제약도 가하지 않을 것이다.

이 선언문은 수학의 정신으로 보았을 때 인류 역사상 가장 아름다운 사건 중 하나다. 노예 해방 선언문의 배경에는 유클리드『원론』의 기본 정신이 녹아 있으며, 그 정당성을 『원론』의 논리적이고 수학적인 형식에 두고 있다.

평소 유클리드『원론』을 늘 묵상할 만큼 수학을 열심히 공부했던 링컨은 계몽철학과 경험철학의 시조인 영국의 존 로크John Locke의 사상에 많은 영향을 받았다. 로크 또한 유클리드의『원론』에 입각해 자신의 주장을 펼쳤으며, 미국의 독립선언문 또한 유클리드의『원론』에 입각해 논리를 펼친 선언문이다.

유클리드의『원론』에 입각했다는 말은 반박할 수 없는 공리를 내세운 연역적 추론의 방법으로 논리를 전개했다는 뜻이다. 기원전 300년경, 유클리드는 고대 시대의 수학을 집대성했는데, 최소한의 받아들일 수밖에 없는 공리들을 바탕으로 연역적 추론에 의해서만 명제들을 엄밀하게 논리적으로 증명했다.

그러고는 그 과정들을 열세 권의 책으로 서술하고, 책의 제목을『원론』이라고 명명했다. 이후『원론』은 인류 역사상 가장 위대한 책 중 하나가 되었다.

그렇다면 여기서 연역적 추론이란 무엇일까?

명제 A가 참이고, 명제 A로부터 B를 논리적으로 추론할 수 있다면 명제 B도 참이다.

이 말은 공리가 받아들일 수밖에 없는 참이라면, 공리로부터 연역적으로 추론된 것도 참이라는 뜻이다. 즉 유클리드가 『원론』에서 공리를 바탕으로 도출해낸 증명들은 반박할 수 없는 논리적 엄밀성을 지니게 된다.

『원론』의 공리 구성은 상식적인 공리 다섯 개와 기하와 관련한 공리 다섯 개를 바탕으로 이루어져 있는데, 상식적인 다섯 개의 공리는 다음과 같다.

1. 어떤 것과 같은 것들은 모두 서로 같다. 즉 $a = b$고 $b = c$면, $a = c$다.
2. 같은 것에 같은 것을 더하면, 그 결과는 서로 같다.
3. 같은 것에서 같은 것을 빼면, 그 결과는 서로 같다.
4. 서로 일치하는 것들은 서로 같다.
5. 전체는 부분보다 크다.

미국의 역사에 지대한 영향을 끼친 존 로크의 철학, 독립선언문, 노예 해방 선언이 어떻게 유클리드의 『원론』에 입각해 논리를 전개하고 있는지, 그것들의 예를 한번 살펴보자.

먼저 유클리드 『원론』에 입각한 존 로크의 주장이다.

인간의 자연 상태는 모두 자유롭고 평등하고 독립적이고, 이것은 받아들일 수밖에 없는 공리 같은 사실이다.

존 로크는 이를 바탕으로 논리적으로 추론되는 정부의 목표는 자유권, 평등권, 독립성을 보존하는 것임은 반박할 수 없는 것이라고 주장했다.

다음은 1776년 토마스 제퍼슨이 작성한 미국의 독립선언문이다. 이 역시 『원론』의 논리 구조를 따르고 있는데, 이를 바탕으로 미국은 영국으로부터 독립해 자유로운 국가가 되어야 한다고 주장했다.

모든 사람이 평등하게 태어났다는 것은 받아들일 수밖에 없는 공리 같은 사실….

또한 링컨은 노예 제도의 모순성을 논리적으로 설명하고 주장했다. 링컨이 유클리드 『원론』에 입각해 생각한 것은, 노예를 소유할 권리가 피부색, 지성 또는 돈에 의해 정당화된다면, 같은 추론을 적용해 그 노예도 노예를 부리는 사람을 노예로 만들 수 있다는 논리 또한 정당화된다는 점이다.

사람 A가 사람 B의 노예라는 것을 수학적으로 $A \leq B$라고 표현하면, 같은 추론을 사용해 $B \leq A$임을 도출할 수 있으므로 결국 $A=B$다. 그러므로 '피부색, 지성 또는 돈에 상관없이 사람들은 평등하다'는 결론에 이르게 된다.

이렇게 논리적 엄밀성을 가진 수학적 사고가 역사를 바꾸는 원동력이 되기도 한다. 수학의 정신이란 논리의 엄밀함을 삶에 적용하여 모순을 바로잡는 것이기 때문이다.

선천적 지식 —
우리는 무엇을 타고 났나

인간은 어느 정도의 인지 능력을 가지고 태어나는 것일까? 얼마 전 이를 연구한 결과가 발표됐다. 미국의 심리학자 카렌 윈Karen Wynn은 실험을 통해 5개월 된 유아가 1+1=2, 2-1=1 등의 간단한 산술 연산을 이해할 수 있다는 결과를 1992년 《네이처》학술지에 발표했다. 유아의 이런 산술 개념은 어떻게 획득한 것일까? 경험에 의한 것일까? 아니면 태어날 때부터 가지고 있는 것일까?

이 실험의 결과로 유추할 수 있는 것 중 하나는 산술 개념이 사람의 경험이나 학습을 통해 형성되었다기보다는 애초부터 가지고 태어났다는 것이다. 이와 유사한 주장은 플라톤의 책 『메논』을 통해서도 확인할 수 있다.

플라톤은, 교육받지 못한 노예 소년을 지혜로운 질문을 통해 기하학의 원리를 회상하도록 이끌어낸 소크라테스의 경우를 예로 들어 노예 소년이 선천적으로 기하학의 원리를 이해하고 있었다는 것을 설명했다.

기하학적 진술에 관한 지식이 감각 경험으로부터 얻어질 수 없는 선험적(선천적) 지식이라는 플라톤의 주장을 터무니없는 주장이라고 치부하기는 어렵다. 감각(경험)을 통해 끝없이 뻗는 직선이나 정확한 원 등을 접하기는 어렵기 때문이다.

이러한 이론의 연장선상에서 칸트는 사람의 정신은 선험적으로 공간과 시간의 개념을 지니고 있다고 보았다. 우리의 감각이 공간에 유클리드적 공간 형식Euclidean spatial form을 부여함으로써 공간에 대한 유클리드 법칙이 보편적으로 성립하는 선천적 지식이라고 본 것이다.

쉽게 말해 인간은 선천적으로 유클리드 기하학을 받아들이며, 이 세상을 유클리드 기하로 본다는 뜻이다. 거미가 거미줄을 치는 법을 생득적으로 아는 것처럼, 기하학적 원리와 같이 보편적이고 절대적이며 절대 변하지 않는 진리의 존재를 우리는 선천적으로 알고 있다는 것이다.

이들의 생각을 바탕으로 수학에 대해 정리하면 다음과 같다. 첫째, 수학적 지식은 선천적이고, 배움 이전에 우리 마음속에 있는 것이다.

둘째, 수학의 본질은 아름다움이고, 수학의 아름다움은 선천적으로 우리 마음속에 있다. 일류 수학자들은 우리의 개념에 의해 만들어진 수가 어쩌면 그렇게도 아름다울 수 있는가에 대해 생각한다. 물론 수학의 아름다움을 느끼는 수준에까지 이르기란 그리 쉬운 일이 아니다.

셋째, 수학은 우리의 마음속에 혹은 우리의 두뇌에 감추어진 아름다운 정신 구조를 나타내기도 한다. 수학은 자연 현상에 대해 알고 싶은 것을 찾아가는 것뿐 아니라 우리 마음속 관념의 아름다움을 구현하기 위한 학문의 시작이다. 그러므로 수학을 공부한다는 것은 우리 마음속에 내재해 있는 아름다움을 복원하는 일이며, 수학의 구조를 통해 우리가 진정으로 지향하는 모습이 무엇인지를 어렴풋이 그려볼 수도 있다.

넷째, 수학은 관념에 기초해 대상에 대한 완벽함과 완전함을 추구한다. 불안정한 세상을 살아가는 인간은 늘 완벽함을 보여주는 그 무언가를 갈망한다. 수학은 관념에 기초해 대상에 대한 완벽함과 완전함을 추구하기 때문에 인간은 수학을 통해 그것들을 느낄 수 있다. 그렇게 보았을 때 수학은 완벽하고 완전한 신의 세계를 추구하는 것이라고 할 수도 있다. 신을 닮아가려는 인간의 노력은 그 자체만으로도 가치 있고 아름답다. 수학은 그러한 신의 세계를 볼 수 있는 하나의 창이다. 그것은 아마도 수학 속에 내재해 있는 불변의 무언가가 있기 때문일 것이다.

가끔 여러 학부모로부터 아이들이 미래를 어떻게 준비하고 공부하면 좋겠느냐는 질문을 받는다. 이 질문에 대한 답으로 아름다움을 추구하는 수학 정신과 연관지어 생각하면 답이 나올 수도 있다는 생각이 든다.

수학에서 본질을 추구하는 게 가장 중요하듯이, 미래를 준비하는 데 있어서의 근본은 본질을 잊지 않는 것이다. 배움 속에서 그리고 삶 속에서 아름다움을 느끼고자 노력하는 것이 바로 미래를 준비하는 기본이다. 그것이 결국은 아이들이 건강하게 살아갈 수 있는 원동력이 되기 때문이다.

아이들을 현상적인 것, 성공을 위한 수단으로서 공부하는 것에 길들여지도록 하기보다는 가치 있는 것을 추구하고, 아름다움을 느끼도록 하는 것이 아이들의 정신을 건강하게 해준다. 정신이 건강한 사람에게는 자신의 길을 스스로 찾아가는 힘이 있다. 자녀들의 미래가 염려된다면 기본을 회복하는 일부터 가르칠 필요가 있다. 책을 읽고 아름다운 소리와 말을 듣는 것 등이 그런 예가 될 수 있다.

인간은 선천적으로 아름답고 가치 있는 것을 추구하는 존재이므로 공부를 얼마나 잘하는가 하는 현상에 집중하기보다는, 어떻게 가치를 느끼게 할까에 관심을 기울이다 보면 부모도 조금 더 여유를 가지고 아이들을 교육할 수 있다. 그렇게 아이들이 스스로 사고하고 느끼도록 이끌어주면 아이들은 전과 달리 의미를 추구하며 행복하게 공부할 수 있을 것이다.

학교 현장에서도 아름다움을 어떻게 느끼게 할지에 대해 고민하며 수학을 가르친다면 보다 많은 학생이 수학을 조금 더 의미 있게 배우지 않을까 한다. 누군가 수학을 통해 아름다움을 느끼고 깨달음을 얻는다면 그것 또한 수학이 지향하는 중요한 목적 중 하나일 것이다.

본질과 아름다움을 추구하는 수학 정신은 불완전한 미래를 향해가는 우리에게 어떻게 미래를 준비해야 하는지를 알려주는 한 줄기 희망의 빛이다.

숫자가 지배하는 세상 —
숫자로 환원될 수 없는
삶의 가치

기원전 수천 년 전, 고대 사람들은 무엇을 이용해 수를 셌을까? 여러 지역에서 고대 사람들이 돌을 활용했다는 흔적이 발견되었는데, 고대 사람들은 작은 돌로는 작은 수를, 큰 돌로는 큰 수를 나타냈다.

시간이 흐름에 따라 사람들은 다양한 수를 표현할 필요성을 느꼈고, 그것을 표현하기 위해 여러 모양의 돌이 필요했지만 찾기가 쉽지 않았다.

그러자 사람들은 진흙으로 만든 다양한 패를 수를 세는 도구로 사용하기 시작했다. 수를 세기 위해 사용했던 돌을 라틴어로 '칼쿨루스calculus'라고 하는데, 이 단어가 오늘날 계산을 뜻하는 미적분학 용어의 어원이다. 수의 시작은 결국 실용적인 필요에 따른 것이었다.

고대 그리스 시대에 이르러 수의 의미는 실용적인 것에서 벗어나 변화를 맞이한다. 그들은 수에 철학적인 의미를 부여했고, 숫자의 활용보다는 숫자 자체가 가지고 있는 구조와 의미에 관심을 기울였다. 이로부터 피타고라스는 "만물의 근원은 수다"라는 결론을 도출하게 된다.

피타고라스는 숫자의 논리적 속성을 통해 어떤 현상에 담긴 깊은 의미를 파악할 수 있고, 또한 숫자 자체의 완벽한 구조를 통해 영원하고 불변하는 존재를 경험함으로써 우리의 영혼이 더 높은 세계를 지향하게 된다고 생각했다.

그로부터 2500여 년이 흐른 지금, 사람들은 수에 대해 어떤 생각을 가지고 있을까?

현대인들은 숫자에 매우 예민하게 반응하며 살아간다. 어떤 현상이든지 숫자의 논리적 속성을 통해 그 의미를 파악하고 판단할 수 있다고 생각한다. 성적, 연봉, 재산, 성장률 등을 숫자로 나타내면서 결국에는 능력도 수와 밀접하게 연관 지어 생각하게 된 것이다.

오늘날 사람들은 수를 통해 평가하고 평가받으며, 수를 통해 통제하고 통제받는다. 연봉을 나타내는 숫자, 재산을 나타내는 숫자를 개개인의 능력으로 인정하고 평가하는 인식이 강화되면서 숫자를 위한 만인의 만인에 대한 투쟁이 심화되어만 간다.

이제 수는 권력이 됐다. 어느새 수는 인간의 생각을 지배하면서 우리 마음속에 '인생의 목표는 숫자'라는 인식을 심어주고 있는 듯 보인다.

수는 사회 구성원들 간의 계층 차이를 극명하게 나타내는 수단으로서의 역할을 적극적으로 수행한다. 수로 인해 계층 간 차이가 만들어지는 방식에 항쟁하는 일이 독재에 항쟁하는 것보다 더 힘든 사회가 되어버렸다. '우리는 서로 좀 달라'라는 생각은 '우리는 차이가 많이 나'로 바뀌었다.

숫자에 의한 차이가 두드러지면서 다양하고 소중한 다른 가치들이 서서히 붕괴되어가고 있다. 모든 것을 희생하고서라도 서로 더 큰 숫자를 취하려다 보니 숫자들은 점점 더 커질 수밖에 없고, 숫자의 합이 일정한 제로섬에서는 누군가가 점점 더 작은 숫자를 취할 수밖에 없다.

그래서 요즘의 중요한 지표들은 평균을 가진 사람들이 가장 많은 정규 분포를 이루지 못하는 불균형인 경우가 허다하다.

그러나 숫자는 객관적이고 공정하다는 인식이 강해서 이 불균형에 대한 심각성을 경감시키는 부정적인 효과도 있다. 더군다나 숫자는 추상적이라서 이를 현실적으로 정확하게 대응시키기가 어렵다. 예를 들어 어떤 부호의 재산이 70조라고 한다면, 그 액수가 얼마인지 감이 오는가?

반면 숫자라는 개념이 없는 동물의 세계에서는 먹이를 놓고 서로 경쟁할 때도 한 마리가 무조건 많이 차지하지는 않는다. 동물은 배가 부르면 더 이상 먹지 않는다. 그러나 숫자는 아무리 취해도 배가 부르지 않는다. 바로 거기에 문제가 있다.

숫자를 위한 투쟁이 과열된 사회에서는 숫자로 나타내기 어려운 것까지도 숫자로 표현하려고 한다. 하다못해 봉사하는 마음도 숫자로 평가해 대학 입시에 반영함으로써 그것의 가치를 훼손한다. 우리 사회에서 이런 일들은 비일비재하게 일어난다. 축의금의 숫자가 결혼을 축하하는 마음의 기준으로 오도되는가 하면, 그림마저 숫자로 평가되어 마치 고흐의 그림과 모네의 그림에 우열이 있는 것 같은 착각을 일으키게 한다.

예전에는 소중하게 여겼으나 숫자로 나타나지 않아 점

점 소홀해진 것들에 때때로 그리움이 남는다. 통장에 찍힌 숫자가 커지는 것을 볼 때면 마음이 뿌듯해지는 것은 어쩔 수 없지만 숫자에 구애받지 않고도 뿌듯해지는 마음이 들 때 더 강한 삶의 의미를 느낀다.

분명한 것은 삶의 가치도, 행복도 숫자의 크기에 비례하지 않는다는 점이다. 아름다움, 배려, 나눔, 사랑, 우정, 위로, 감동, 양심, 용기, 질서, 유머, 힐링, 대화, 자유로움, 열정, 꿈, 도전, 감사, 즐기는 마음 등등 아직 숫자가 지배하지 못한 가치들은 아주 많다.

인간의 역사는 갈등 속에서도 지혜로운 방향으로 나아가고 있다고 믿는다. 피타고라스가 믿었던 숫자의 의미를 곱씹으며 숫자가 제자리를 찾아가는 아름다운 모습을 그려본다. 숫자를 위한 투쟁의 날들을 살아가는 우리의 삶이 죽음 뒤에 남는 것이라고는 숫자뿐인, 그러한 허망한 삶이 아니기를 바란다.

비유클리드 기하가 나오게 되는 수학적

인 배경은?

유클리드는 『원론』을 기하에 대한 다섯 개의 공리와
상식에 대한 다섯 개의 공리 위에 건설했다. 기하에
대한 다섯 개의 공리를 지금의 용어로 표현하면 다
음과 같다.

공리 1: 임의의 서로 다른 두 점을 지나는 직선은 유일
하다.
공리 2: 직선은 무한히 연장할 수 있다.

공리 3: 임의의 점을 중심으로 임의의 길이를 반지름으로 하는 원을 그릴 수 있다.

공리 4: 모든 직각은 같다.

공리 5: 한 평면 위의 한 직선이 그 평면 위의 두 직선과 만날 때 동측내각의 합이 180°보다 작으면 이 두 직선은 그쪽에서 만난다.

역사적으로 이 중 처음 네 개의 공리는 수학자들에 의해 쉽게 받아들여졌지만, 5번 공리는 표현도 길고 자명하게 보이지 않아서 쉽게 받아들여지지 않았다.

그래서 이천여 년 동안 수많은 수학자가 5번 공리를 보다 분명한 다른 공리로 대체하거나 5번 공리를 나머지 네 개의 공리들로부터 추론할 수 있지 않을까 하는 생각으로 그것을 증명하려고 노력했다. 5번 공리를 평행선 공리라고 부르며, 다음과 같이 표현하기도 한다.

유클리드의 평행선 공리(평행선의 유일성): 한 직선 l과 l 위에 있지 않은 한 점 p에 대해 p를 지나 직선 l과 평행인 직선 m이 유일하게 존재한다.

만약 평행선 공리를 나머지 공리들로부터 추론할 수 있다면 평행선 공리와 모순되는 새로운 공리를 대치했을 때 그것은 분명히 모순을 유도할 것이다. 왜냐하면 이 새로운 시스템은 나머지 공리로부터 평행선 공리를 유도할 것이고, 이것은 대치된 새로운 공리와 모순되기 때문이다. 다음의 새로운 공리를 생각해보자.

쌍곡 공리: 한 직선 l 위에 있지 않은 점 p를 지나서 l과 평행인 직선이 적어도 두 개 존재한다.

위의 나머지 공리와 평행선 공리를 쌍곡 공리로 대체함으로써 얻어지는 기하학을 비유클리드 기하에 속하는 쌍곡 기하학이라고 한다. 다음은 이것에 대한 중요한 정리다.

유클리드 기하학이 모순이 없다면 쌍곡 기하학도 모순이 없다.

위의 정리로부터 우리는 유클리드의 평행선 공리는 나머지 네 개의 공리로부터 증명될 수 없다는 결론을 얻어낼 수 있다. 이것이 가우스와 보여이, 로바쳅스키의 업적이다. 그 결과에 의해 나머지 네 개의 공리를 가정한다면, 다음의 명제들도 유클리드의 평행선 공리와 논리적으로 같은 의미를 갖는다는 것을 알 수 있다.

- 삼각형의 내각의 합은 180°다.
- 직사각형이 존재한다.
- 임의의 직각삼각형에서 피타고라스의 정리가 성립한다.
- 임의의 삼각형에 대한 닮은 삼각형이 존재한다.
- 삼각형의 넓이는 (밑변×높이)÷2다.

즉 위의 명제 중 하나를 5번 공리로 대체하더라

도 똑같은 의미로 유클리드의 『원론』을 기술할 수 있다는 뜻이다. 중학교에서 배우는 기하에서 대부분의 중요한 내용은 위의 명제로부터 유도된다. 다시 말해 중학교 기하는 5번 공리(유클리드의 평행선 공리)와 관련된 수학 구조를 배운다고 볼 수 있다.

유클리드의 평행선 공리와 논리적으로 같은 의미를 갖는 명제들에 의해 쌍곡 기하학이 적용되는 세계는 직사각형이 존재하지 않고, 어떤 삼각형의 내각의 합도 180°가 될 수 없으며, 또한 닮음이라는 것도 없다. 그러므로 그 세계에서는 축소나 확대라는 개념이 없다. 사진이나 영화나 TV 같은 것이 존재할 수 없다는 뜻이다. 또한 예를 들어 한 각이 50°인 정삼각형은 유일하다. 다시 말해 정삼각형의 한 각이 변의 길이를 결정하는 것이다.

이와 같이 우리의 직관에는 모순처럼 보이지만 논리적으로는 모순이 없는 여러 가지 기하가 존재한다. 이것을 통해 유클리드 기하가 공간에 대한 진리를 진술한다는 개념이 무너지고, 수학적 지식의 본질이 무엇인가 하는 문제의식을 갖게 됐다.

즉 기하학적 지식에 대한 패러다임이 참과 거짓이라는 체계로부터 모순과 무모순의 체계로 변화하게 되었고, 이로써 형식주의 수학이 탄생하게 된다. 실제로 20세기 초에 힐베르트는 무정의 용어를 사용해 유클리드 기하학의 모든 이론을 공리적으로 완벽하게 할 수 있는 완전한 공리계를 주었다.

그렇다면 유클리드 기하학은 과연 무모순일까? 괴델kurt Gödel은 1931년, 자신의 논문을 통해 불완전성의 정리를 발표함으로써 무모순성의 증명조차도 불가능하다는 것을 보여주었다. 수학의 세계는 이렇게 어렵고도 심오하다.

3부

사유의 시선이

높아 지는 순간

/

수학으로 풀어내는 세상

이 우주 안에서 흔적도 찾을 수 없을 만큼 미미한 존재
인 인간이 신의 마음을 이해하고, 신의 언어인 수학을
읽고자 노력한다. 인간은 어떤 존재인가!

제논의 역설 —
패러다임의 충돌

고대 그리스의 철학자 파르메니데스는 다음과 같은 말을 남겼다.

움직인다는 것은 환상일 뿐이다.

이 문장을 뒷받침하는 그의 제자 제논의 진술을 흔히 '제논의 역설Zeno's paradox'이라고 부른다. 제논이 남긴 여러 역설 중 대표적인 것은 아킬레스와 거북이의 경주 이야기다.

거북이가 아킬레스보다 100m 앞에서 출발하고, 아킬레스의 속도는 거북이의 속도보다 열 배 빠르다고 하자. 아킬레스가 100m에 도달할 때 거북이는 10m를 가서, 거북이가 10m 앞서 있다. 다음으로 아킬레스가 10m에 도달할 때 거북이는 1m를 가서, 아킬레스보다 1m 앞서 있다. 다시 아킬레스가 1m에 도달할 때, 거북이는 0.1m를 가서, 아킬레스보다 0.1m 앞서 있다. 이 과정은 끝없이 반복되므로, 아킬레스보다 거북이가 항상 앞서 있어서 거북이를 따라잡는 것은 불가능하다.

고등학교 수학에서 사용하는 등비급수를 이용해 이 문제를 해결할 때와 제논의 역설은 서로 다른 결과를 낳는다. 거북이가 달린 거리를 고등학교 수학의 등비급수를 이용해 계산하면 다음과 같이 약 112m 정도밖에 되지 않아 112m 달린 후에는 아킬레스가 거북이를 추월할 수 있다는 결론이 도출된다.

$$100 + 10 + 1 + \frac{1}{10} + \frac{1}{100} + \cdots = \frac{100}{1 - \frac{1}{10}} = \frac{1000}{9} = 111.11 \text{(m)}$$

하지만 제논의 진술에 따르면 아킬레스가 거북이가 있던 바로 그 자리까지 움직여 도달하는 동안 거북이도 멈추어 있지 않고 $\frac{1}{10}$만큼 움직이기 때문에, 거북이가 아킬레스보다 아주 조금이라도 앞서 있을 것 같다는 느낌을 떨치기가 어렵다.

이 문제의 핵심은 '도달할 때'라는 표현이 무엇을 의미하느냐는 것이다. 우선 통상적인 뜻에서 '도달할 때'는 아주 짧은 시간인 만큼 그 순간의 직전과 직후도 포함할 수밖에 없다. 고등수학에서는 '도달할 때'라는 뜻을 서로 양립할 수 없는 두 가지 방법으로 해석한다. 표준해석학과 비표준해석학이 바로 그것들인데, 어떤 패러다임을 따르느냐에 따라 사고 구조가 달라진다. 즉 '도달할 때'라는 용어를 어떤 패러다임으로 해석하느냐에 따라 결과가 달라지는 것이다.

두 개의 패러다임 중 하나는 학교 수학에서 배운 것처럼 0.999…를 1로 인정하는 표준해석학 체계고, 또 다른 패러다임은 학교 수학에서 배웠던 실수를 넘어서는 무한소, 즉 $\dot{0}$라는 개념을 포함하는 초실수라는 구조를 기반으로 하는 비표준해석학 체계다. 이 체계에서는 0.999…가 1이 아니고 1 - 0.999… = $\dot{0}$이고 여기서 $\dot{0}$은 0보다 크다.

제논의 역설의 해석은 천문 현상을 '천동설로 해석할 것인가' 아니면 '지동설로 해석할 것인가'와 같은 문제다. 패러다임 이론에 따르면, 어떤 한 가지 패러다임을 선택한다 해도 그 패러다임이 문제를 설명하는 데 복잡한 점은 있지만, 둘 중 하나는 옳고 하나는 틀리다고 할 수는 없다. 따라서 패러다임 이론 입장에서 보면, 문제에 따라 어느 것이 더 유용하고 강력한지에 따른 선택의 문제다.

그러나 우리가 한 문제 안에서 두 패러다임을 혼용해 사용한다면 모순에 이를 가능성이 있다. 예를 들어 특정한 패러다임으로 가정한 뒤, 결론을 해석하는 데 또 다른 패러다임을 사용한다면 모순에 이를 가능성이 있다. 제논의 역설이 바로 그런 예다.

제논의 역설은 가정과 결론에서 서로 다른 패러다임을 사용해 우리로 하여금 모순을 느끼게 한다. 패러다임을 둘로 나뉘게 하는 포인트는 우리가 '도달하는 때'를 정확하게 포착할 수 있는가 하는 데 있다.

예를 들어 9시에서 9시 1분까지의 시간이 있다고 가정해보자. 이때 우리가 포착할 수 있는 순간이 모여 1분이라는 시간을 만드는가 하는 질문이다.

학교 수학은 표준해석학 체계인데, 이 체계에서는 '도달하는 때'를 정확하게 포착할 수 없다. 만약 '도달하는 때'를 정확하게 포착할 수 있다는 비표준해석학 체계를 택한다면 무한소 $\hat{0}$의 개념이 필요하고, 이 입장에서는 직선이 실수가 아닌 초실수의 개념에 기반을 둔다.

제논의 역설로 다시 돌아가보자. 우리가 지금까지 배운 학교 수학인 표준해석학 체계에서 보면 움직이고 있는 아킬레스가 100m에 도달할 때를 정확하게 포착할 수 없으므로, 제논의 역설은 100m에 도달할 때라는 가정부터 모순이다. 그러므로 더 이상 역설이 될 수 없다.

만약에 계속 움직이고 있는 아킬레스가 100m에 도달할 때라는 것을 정확하게 포착할 수 없으므로 그 직전과 직후의 구간을 포함할 수밖에 없다는 패러다임(표준해석학)으로 해석한다면, 아킬레스와 거북이 사이의 거리가 계속해서 줄어들어 그 구간만큼의 극히 짧은 거리가 될 때가 바로 아킬레스가 거북이가 있는 곳에 도달하는 때다.

다시 말해 아킬레스가 100m에 도달하면 거북이는 10m 앞서 있고, 아킬레스가 10m에 도달하면 거북이는 1m 앞서 있고, 아킬레스가 1m에 도달하면 거북이는 0.1m 앞서 있는 이 과정을 지속하면 거북이가 앞서 있는 거리가 계속 줄

다가, 앞서 있는 거리가 위에서 언급한 극히 짧은 거리만큼 되었을 때, 그때가 아킬레스가 거북이가 있는 곳에 '도달하는 때'다. 그러면 그 이후로는 아킬레스가 거북이를 앞서게 되어 제논의 역설은 해결된다.

그런데 '도달하는 때'를 정확하게 포착할 수 있는 비표준해석학 체계를 택한다면, 우리는 반드시 비표준해석학의 패러다임 체계로 제논의 역설을 보아야 한다.

결론적으로 말해 이 체계에서는 '도달하는 때'를 무한소 $\dot{0}$의 차이를 허용해 포착하는 것으로 의미한다. 즉 아킬레스가 100m를 도달하는 때는 아킬레스가 $[100-\dot{0}, 100+\dot{0}]$ 구간에 있을 때를 의미하고, 경주가 계속되어 아킬레스와 거북이 사이의 거리가 점점 짧아져 그 거리가 무한소 $\dot{0}$ 안에 있게 될 때가 곧 아킬레스가 거북이의 위치에 도달하는 때를 의미해 역설이 해결된다.

앞에서 논의한 바와 같이 현대 수학적인 지식은 절대적인 참과 거짓을 가리는 학문이 아니라 패러다임 속의 가정과 맥락에 의존하는 상대적인 지식이다. 그러므로 0.999… 가 1이냐 1이 아니냐를 결정하는 학문이 아니라 어떤 가정, 즉 어떤 패러다임 안에서 0.999…는 얼마인가를 묻는 학문이다. 수학을 참과 거짓의 학문으로 알았던 시대에는 0.999…와 비슷한 문제로 수많은 논쟁을 벌이기도 했다.

이처럼 어떤 가정을 사용하느냐, 어떤 용어를 어떻게 해석하느냐에 따라 분야마다 서로 다른 세계를 구성한다. 예를 들어 직선이라는 것을 어떻게 해석하느냐에 따라 뉴턴의 고전 물리학적 세계관과 아인슈타인의 상대론적 세계관으로 나뉜다.

우리의 삶도 이와 다르지 않다. 산다는 것을 어떻게 해석하느냐에 따라 세계관이 달라지고, 그에 따라 삶의 방법과 내용도 달라진다. 삶에서 부딪치는 문제들에 종종 서로 다른 패러다임을 혼용함으로써 모순에 빠지는 자신을 발견할 때가 있다. 그렇지만 그런 자기모순이 반드시 부정적인 것만은 아니다.

자기모순을 발견했을 때 대부분의 사람은 그 자리에 멈추어 있지 않는다. 그 모순을 해결하기 위해 고민하고 시행착오를 거치면서 점점 하나의 패러다임으로 인생을 해석하고자 노력하게 된다. 그러한 과정을 거치면서 인간은 더욱 성숙해지고 발전한다.

이는 개인뿐만 아니라 사회도 마찬가지다. 한 패러다임

에서 모순이 발견될 때마다 다른 패러다임을 적용하고자 하는 사회의 노력은 각기 다른 패러다임으로 인해 적잖은 갈등을 야기하기도 하지만 분명한 것은 그러한 갈등을 통해 사회와 역사가 발전해왔다는 것이다.

공을 뒤집다,
상식을 뒤집다

1966년 수학의 노벨상이라 불리는 필즈상을 받은 스메일 Stephen Smale은 교육 시스템이 잘 구비된 좋은 환경에서 공부한 사람이었을까? 아니면 초등학교 때부터 수학에 천재적인 재능을 가지고 열심히 공부해 자신의 능력을 발휘한 사람이었을까?

스메일은 미시간 주 플린트 시의 작은 시골 마을 농장에 살면서 8년 동안 근처에 있는 학교에 다녔다. 그 학교는 한 교실에서 모든 연령의 학생이 함께 공부해야 할 만큼 교육적 환경이 열악했다.

그는 미시간대학교에 입학해 공부했지만 성적이 매우 좋지 않았고, 기적적으로 겨우 입학한 대학원에서도 역시

나 성적이 좋지 않아 급기야 퇴학 위기에 놓이게 된다. 위기의식을 느낀 스메일은 수학 연구에 몰두하여 오랜 기간 동안 아무도 증명하지 못한 수학의 난제, 5차원 이상일 때의 푸앵카레 추측Poincaré Conjecture을 놀라운 방법으로 증명해 필즈상을 받게 된다.

또한 그는 다음의 것들을 수학적으로 증명해 수학계를 놀라게 하기도 했다. 그 내용을 전문적인 표현을 쓰지 않고 쉽게 설명하자면 다음과 같다.

공을 자르거나 찢거나 접은 자국을 만들지 않고 뒤집을 수 있다. 단 여기서 여러 점이 한 점에서 만나는 과정은 인정한다.

이 증명은 이론적으로는 완벽했지만 그 당시 어떤 수학자도 이를 실제로 재현해내지는 못했다. 미국의 수학자 샤피로Arnold S. Shapiro는 스메일의 증명을 재현할 수 있는 아이디어를 수학자 모랭Bernard Morin에게 설명했고, 모랭은 샤피로가 설명한 그 복잡한 과정을 연속적인 그림으로 시각화하여 재현했다.

여기서 놀라운 것은 모랭이 시각장애인이었다는 사실

이다. 그는 여섯 살 때 녹내장으로 시력을 잃었지만 그가 상상의 나래를 펴는 데 아무런 장애가 되지는 않았다. 오히려 눈에 보이는 것에 매몰되지 않고 자유롭게 상상의 날개를 펼침으로써 샤피로의 아이디어를 그림으로 펼칠 수 있었던 것이다. 문득 "그림은 반드시 눈을 감고 노래를 부르며 그려야 한다(To draw, you must close your eyes and sing)"는 피카소의 말이 떠오른다.

위의 두 사람은 교육적인 면에서도 많은 것을 생각하게 한다. 1990년대에 스메일이 한국에 와서 강연을 한 적이 있었다. 그때 한 수학자가 그에게, 어떻게 그러한 열악한 교육 환경 속에서 훌륭한 수학자가 되었느냐고 물었다. 그러자 스메일은 미소 지으며 이렇게 대답했다.

초등학교 시절 나는 학교에 가면 항상 내가 할 일을 스스로 결정해서 할 수밖에 없었다. 그런 습관은 후에 나의 연구 활동에 큰 도움이 됐다.

실제로 그는 수학의 여러 분야에서 수많은 새로운 영역을 개척했을 뿐 아니라 경제학과 계산학 이론에서도 의미 깊은 업적을 남겼다.

부모들은 자녀들에게 완벽한 학습 환경을 조성해주려고 부단히 노력한다. 특히 우리나라 부모들은 자녀의 공부에 대한 열정이 차고 넘친다. 때로는 그 열정이 앞서서 자녀는 준비되지 않았는데도 미리 공부를 위한 환경 속으로 밀어 넣기도 하고, 스스로 겪어내야만 하는 문제들을 부모가 대신 해결해주며 자녀가 공부에만 전념할 수 있도록 배려한다.

그러나 공부하고 연구할 때도 야성이 필요하다. 잘 만들어진 온실 속에 갇혀 있는 학생들은 학교 성적은 좋을지 모르지만 미래를 개척하는 힘은 부족할 수밖에 없다.

스메일이 초등학교 시절 열악한 환경 속에서 혼자 결정하고 공부하던 시간들이 미래에 위대한 발견을 하는 기반이 되었듯이, 또 모랭이 눈이 안 보이지만 그것을 극복하고 상상의 날개를 펴 심오한 이론을 완성했듯이 자녀들 스스로 어려움을 극복할 수 있도록 해야 한다. 그러기 위해서는 그들이 자기만의 세계를 구축할 수 있는 시간을 확보할 수 있도록 부모가 여유를 가지고 기다려주고 믿어주는 것이 중요하다.

공간에 대응하는 수 —

신의 마음을
읽을 수 있을까

2007년 3월 19일, 미국 수학연구소가 248차원 도형의 구조에 대한 획기적인 연구 결과를 발표했다. 우주의 구조를 밝히는 데 결정적인 역할을 하는 예외적 리군 E_8 구조를 미국과 유럽의 수학자로 구성된 20명의 연구팀이 4년간의 공동 연구로 밝혀낸 것이다.

그 해결 방법은 453,060×453,060 행렬을 푸는 것으로, 도출된 결과가 60GB 규모다. 이것을 작은 글씨로 모두 풀어놓는다면 뉴욕의 맨해튼 전체를 덮을 수 있을 정도라고 한다. 이 복잡하고도 감이 잡히지 않는 내용에 대한 이해를 돕기 위해 '차원' 이야기를 먼저 해볼까 한다.

앞에서도 언급했듯이 수직선은 1차원 공간인 직선에 실

수를 대응시킨 것이다. 그렇다면 2차원 공간인 평면에도 수를 대응시킬 수 있을까? 여기서 수란 사칙연산이 가능하고 약간의 수학적 구조로 되어 있는 것을 말한다.

x축과 y축으로 이루어진 2차원 평면을 우선 좌표 (a, b)로 표현해보자. 그런데 이러한 (a, b) 모임이 수가 되기 위해서는 덧셈과 뺄셈을 정해야 한다. 그러면 다음과 같이 나타낼 수 있다.

$$(a, b) + (c, d) = (a + c, b + d)$$
$$(a, b) - (c, d) = (a - c, b - d)$$

그다음 곱셈과 나눗셈을 정해야 하는데 우선 자연스럽게 떠오르는 것은 아래와 같은 곱셈식일 것이다.

$$(a, b) \times (c, d) = (a \times c, b \times d)$$

그런데 이렇게 정하면 b와 c에 0을 넣었을 때 $(a, 0) \times (0, d) = (0, 0)$이라는 문제가 발생한다. 즉 원점 $(0, 0)$이 아닌 두 수 $(a, 0) \times (0, d)$를 곱해 $(0, 0)$이 나오면,

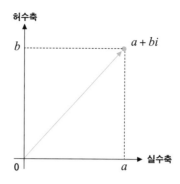

이러한 방법으로는 나눗셈을 정할 수 없다는 것이 이미 수학적으로 증명되어 있다. 그런데 실수의 경우를 다시 보면 0이 아닌 두 수를 곱하여 0이 되는 경우가 없으므로, 나눗셈을 자연스럽게 정할 수 있게 된다.

이러한 문제에 봉착한 수학자들이 문제를 해결할 수 있는 새로운 아이디어를 생각해냈다. 즉 (a, b)를 $(a, b) = (a, 0) + (0, b) = a(1, 0) + b(0, 1)$로 분해한 후, $(1, 0)$은 1로, $(0, 1)$은 i로 표기하면 $(a, b) = a + bi$의 형태로 나타낼 수 있고 $i^2 = -1$이라고 정하면 곱셈과 나눗셈 구조를 모두 얻을 수 있다. i는 상상의 수라는 의미로 허수 imaginary number라고 이름 붙였다. 이로써 2차원 평면에 대응하는 수 $a + bi$를 찾을 수 있게 되었다. 이것이 복소수^{complex number}의 발견이다.

$$(a, b) \times (c, d) = (a + bi) \times (c + di) = (ac - bd) + (ad + bc)i$$
$$= (ac - bd)(1, 0) + (ad + bc)(0, 1) = (ac - bd, bc + ad)$$

여기서 찾아낸 곱하기 구조는 $(a, b) \times (c, d) = (ac - bd, bc + ad)$이고 이와 비슷한 방식으로 다음과 같이 나눗셈 구조를 얻을 수 있다.

$$(a, b) \div (c, d) = \left(\frac{ac + bd}{c^2 + d^2}, \frac{bc - ad}{c^2 + d^2} \right)$$

이렇게 1차원과 2차원에 대응하는 수를 모두 알아냈다면 그다음 질문은 당연히 3차원, 4차원 공간에 대응하는 수가 있는가 하는 것이다. 이 문제는 꽤 오랫동안 수학자들을 괴롭혀왔다. 1843년 아일랜드 출신의 위대한 수학자 해밀턴^{William Hamilton}이, 3차원 공간에 대응하는 수는 존재하지 않지만 놀랍게도 4차원 공간에 대응하는 수가 존재한다는 것을 증명했다. 부인과 브로엄 다리 위를 산책하면서도 이 문제에 대해 고민하던 해밀턴은 불현듯 이 문제에 대한 아이디어가 떠올라 다리 난간에 칼로 $i^2 = j^2 = k^2 = ijk = -1$이라고 새겨 넣었다고 한다.

즉 $(1, 0, 0, 0) = 1$, $(0, 1, 0, 0) = i$, $(0, 0, 1, 0) = j$, $(0, 0, 0, 1) = k$로 놓고, 위의 조건을 첨부하면 마술같이 4차원 공간에서 사칙연산을 할 수 있게 된다. 그렇게 해서 이 수는 '4원수 quaternion' 혹은 해밀턴의 이름을 따 '해밀턴 수 Hamilton number'라고 불리게 됐다.

그런데 위의 조건에서 $ij = -ji$, $jk = -kj$, $ki = -ik$의 성질을 얻게 되는데, 이것이 의미하는 것은 4원수가 교환법칙을 만족시키지 않는다는 것이다. 즉 교환법칙을 만족하면서 4차원 공간에 대응하는 수는 존재하지 않는다.

그러면 5차원, 6차원, 7차원⋯ 공간에 대응하는 수가 있을까? 이 문제는 20세기 들어 위상수학의 기법으로 2^n차원 공간에서만 대응하는 수가 있다는 것을 증명할 수 있었다. 위에서 $2^0 = 1$차원에는 실수, $2^1 = 2$차원에는 복소수, $2^2 = 4$차원에서는 4원수가 존재함을 알았다.

그렇다면 $2^3 = 8$차원에 대응하는 수도 있을까? 이것은 이미 1845년에 영국의 수학자 케일리^Arthur Cayley가 4원수의 아이디어를 확장해 8차원 공간에 대응하는 수가 존재한다는 것을 증명했다. 이 수는 '8원수^octonions' 혹은 케일리의 이름을 따 '케일리 수 ^Cayley number'라고 부른다. 그러나 이 수는 결합법칙이 성립하지 않는다. 다시 말해 $(a \times b) \times c$와 $a \times (b \times c)$가 항상 같은 것은 아니므로, 결합법칙을 포기해야만 8차원 공간에 대응하는 수를 찾을 수 있다.

그러면 16차원 공간, 32차원 공간… 등에 대응하는 수도 있을까? 또 어떤 법칙을 포기하면 대응하는 수를 찾을 수 있을까? 1960년, 드디어 영국의 수학자 애덤스^John Adams가 16차원 이상의 공간에는 대응하는 수가 없다는 것을 자신의 연구 도구인 '애덤스 스펙트럼 열^Adams spectral sequence'을 구축해 80여 쪽의 논문으로 증명했다. 즉 1차원, 2차원, 4차원, 8차원에만 대응하는 수가 존재한다는 것이었다.

그러나 이후 아티야^Michael Atiyah라는 영국의 수학자가 위상공간에서의 K-이론을 구축해, 애덤스의 증명을 8쪽으로 줄였다. 이후 아티야는 필즈상을 받았다. 수학자들은 애덤스도 언젠가는 필즈상을 받으리라 기대했지만 그는 끝내 수상하지 못했다.

두 수학자 아티야와 애덤스는 같은 케임브리지대학 출신이다. 이들의 탁월함에 대한 여러 소문이 있는데 그중 이런 이야기도 있다.

아티야와 애덤스는 같은 강의를 들었는데, 그 강의를 담당한 교수가 학생들의 시험을 채점하던 중 애덤스의 답안지를 보고는 감탄하며 "드디어 케임브리지대학에 천재가 들어왔다"고 하며 좋아했다. 그러고 나서 그다음에 있는 아티야의 답안지를 확인하고는 "더 낫군(Even better)!"이라고 말했다고 한다.

다시 앞의 이야기로 돌아가보자. 248차원 E_8은 해밀턴의 4원수와 케일리의 8원수에 기반하는 구조다. 만약 그들이 4원수와 8원수를 발견하지 못했다면 이 놀라운 결과도 없을 것이고, 이를 통해 우주를 이해하는 일도 불가능했을 것이다.

계속해서 확장하고 있는 우주의 현재 크기와 지구의 크기를 비교해보자. 예를 들어 우주의 크기를 지구만 하다고 하고, 거기에 모래알이 있다고 하자. 현재 지구의 크기는 그 모래알의 약 $\left(\dfrac{1}{10}\right)^{30}$ 이다. 즉 지구를 우주라 생각하면 원자의 크기 정도가 대략 지구의 크기라고 할 수 있다. 내 앞에 있는 모래알의 $\left(\dfrac{1}{10}\right)^{30}$의 크기를 상상해보고, 지구를 생각해보라. 그리고 그 작디작은 지구 안에 존재하고 있는 지극히도 미세한 인간!

우연히 해밀턴이 생각해낸 4원수가 우주를 이해하는 길을 열어주었으니, 신이 수학자라는 말이 단순한 미사여구가 아님을 알 수 있다. 또한 우주의 언어가 수학이라는 것도 미사여구가 아니다. 해밀턴의 4원수는 결코 경험을 기반으로 생각해낸 것이 아니다. 그는 누구도 생각해내지 못한 것을 자신의 순수한 사고를 기초로 끌어냈다.

신 − 우주 − 수학 − 인간의 마음 − 인간

이 우주 안에서 흔적도 찾을 수 없을 만큼 미미한 존재인 인간이 신의 마음을 이해하고, 신의 언어인 수학을 읽고자 노력한다. 인간은 어떤 존재인가!

푸앵카레 추측 —
독특한 순수함

2000년 5월 24일, 클레이수학연구소[CMI]는 수학에서 가장 중요한 미해결 난제 일곱 개를 밀레니엄 문제[Millennium Prize]로 선정하고, 문제를 해결한 사람에게 문제당 100만 달러를 지급한다고 발표했다. 그렇더라도 수학계에서는 이 문제들이 워낙 어려워서 당분간 풀리지 않을 것이라고 예상했다.

그런데 놀랍게도 그로부터 2년이 지난 2002년 11월, 그중 한 문제인 푸앵카레 추측이 당시 잘 알려져 있지 않았던 수학자 페렐만[Grigori Perelman]에 의해 해결됐다. 푸앵카레 추측은 지금까지 일곱 개의 밀레니엄 문제 중 확실하게 풀린 유일한 문제다.

페렐만은 학계에 등을 지고 집에 칩거해 있었다. 클레이 수학연구소에서는 그를 밀레니엄 문제 수상자로 임명해 수상과 부상으로 100만 달러를 수여하려 했으나 돈이나 명성에 관심이 없던 그는 그 상을 거절했을 뿐만 아니라, 수학의 노벨상인 필즈상도 받기를 거부했다.

우리나라 방송에서도 그의 독특함에 호기심을 갖고 인터뷰를 시도했지만, 그는 응하지 않았다. 우리나라 방송사뿐 아니라 세계의 어떤 방송사도 그와의 인터뷰를 성공시키지 못했다. 단지 우리나라 방송사에서는 그가 매우 낡은 아파트에서 어머니의 연금에 의지할 정도로 가난하게 살고 있다는 사실만을 취재해 알려주었다.

페렐만이 풀었다는 푸앵카레 추측을 설명하기 위해 우선 우주에 관한 이야기부터 시작해보자.

우리는 우주에 관심이 많고 우주에 관한 모든 것을 알고 싶어 한다. 하지만 우주가 끝없이 팽창하다 보니 완전하게 알아낼 도리가 없다. 그런데 이렇게 한번 상상해보자.

누군가 이 우주에 무한대(∞)라는 이름을 붙인 끝이라는 한 점을 넣는다고 해보자. 그러면 사방으로 팽창하는 공간은 결국은 무한대라는 한 점에서 만나게 된다. 그러면 이 우주는 닫힌 공간이 되는데, 이것을 수학적으로 3차원 구

(공)라고 한다. 왜 우주에 무한대라는 점의 개념을 집어넣었을 때 우주를 3차원 구라고 부를까?

우선 1차원부터 차근차근 생각해보자. +와 − 방향으로 무한히 향해가는 수직선을 생각하고, 그 양 끝을 무한대라고 하는 하나의 점이라고 하자. 그러면 +와 − 방향으로 향해가는 직선이 무한대에서 만나므로 그 양 끝을 한 점에서 붙인 것이 되고, 이 닫힌 도형을 잘 보면 원이라는 것을 알 수 있다. 원을 우리는 1차원 구라고 부른다.

이제 2차원 평면을 생각해보자. 평면의 모든 방향에서 팽창하는 그 끝이 한 점에서 만난다면, 흡사 보자기를 펼쳐 놓고 모든 모서리를 한 점으로 묶는 것과 같다. 그러면 그 닫힌 공간은 공처럼 생겼을 것이다. 이 공을 2차원 구라고 부른다.

그러면 이제 공간에서 같은 작업을 하여 얻어진 닫힌 도형을 왜 3차원 구라고 하는지에 대해 설명이 되었을 것이다. 1차원 구가 2차원 평면에 놓여 있고, 2차원 구가 3차원 공간에 놓여 있듯이, 3차원 구는 4차원 공간에 놓여 있다.

4차원 공간에 놓여 있다는 것이 상상하기가 쉽지 않은데, 우선 2차원 구를 잘 들여다보면 3차원 구를 이해하는

데 도움이 된다.

2차원 구의 표면은 좁게 보면 평면처럼 되어 있고, 그 안에 빈 공간인 구멍이 있다. 이를 통해 유추해보면 3차원 구의 표면은 좁게 보면 공간처럼 되어 있고, 그 안에 빈 공간인 구멍이 있다. 이 설명을 거꾸로 하면 원에서 한 점을 빼면 수학적으로 직선과 같고, 공에서 한 점을 빼면 수학적으로 평면과 같고, 3차원 구에서 한 점을 빼면 수학적으로 공간과도 같다는 말이 된다.

그러므로 무한한 직선도 원이라는 우리의 인식 범위 안에서 생각할 수 있고, 무한한 곳에서 일어나는 현상도 수학적으로 한 점을 뺀 그 근방에서 일어나는 현상으로 알 수 있다. 마찬가지로 끝없이 팽창하는 우주 공간의 알 수 없는 끝 지점에서 일어나는 현상도 수학적으로 3차원 구에서 한 점을 뺀 근방에서 일어나는 현상과도 같다. 그래서 우주에 관심이 많은 물리학자나 수학자들이 당연히 3차원 구에 관심을 가질 수밖에 없다.

3차원 구에 대한 가장 유명한 문제가 푸앵카레 추측이다. 이를 설명하기 위해서는 단순연결simply connected이라는 개념에 대한 이해가 필요하다. 단순연결이란 도형에 고리와 같은 폐곡선이 놓여 있을 때, 이 고리를 끊이지 않게 연속으로 수축해 한 점으로 모을 수 있는가에 대한 것이다.

예를 들어 2차원 구인 공 위에 고리와 같은 실이 놓여 있으면 표면에서 실을 조금씩 수축해 한 점으로 모을 수 있다. 그러나 자동차 타이어와 같은 경우, 고리와 같은 끈으로 타이어를 둘러서 감으면 그 끈을 끊지 않고 수축시켜 한 점으로 모을 수 없다. 2차원 구는 단순연결이지만 타이어와 같은 도형은 단순연결이 아니기 때문이다. 푸앵카레 추측을 수학적 용어를 쓰지 않고 대략적으로 쉽게 설명하면 다음과 같다.

표면이 3차원인 공간처럼 되어 있으면서 단순연결인 닫힌 도형은 수학적으로 3차원 구와 같다.

여기서 수학적으로 3차원 구와 같다는 말은, 그 도형을 일대일 대응 관계를 유지하면서 연속적으로 변환해 구로 만들 수 있다는 뜻이다. 그 당시 경험을 토대로 상상한 대로라면 우주가 3차원(유클리드) 공간이었고 거기에 무한대를 첨가하면 3차원 구가 되므로, 3차원 구에 대한 특성과 유일성에 대한 관심이 많았다.

푸앵카레 추측은 100년이 지나도록 그 누구도 증명이나 반례를 제기하지 못하다가 드디어 페렐만에 의해 해결됐다. 나는 그의 깊은 뜻을 알지 못한다. 다만 그가 매우 독특하고 순수한 사람이라는 것만은 짐작할 수 있고, 종종 이런 사람들이 위대한 업적을 남긴다는 것도 역사를 통해 알고 있다.

아무리 힘들어도 즐겁게 임하는 순수한 시간에는 보상이라는 생각이 끼어들 틈이 없다. 오히려 보상이 그 순수한 즐거움을 훼손시킬 수 있다. 이 사실을 뒷받침하는 심리학적 연구 결과도 있다. 즐겁게 놀이를 하고 있는 아이들에게 보상을 대가로 주면 아이들이 이내 놀이에 흥미를 잃는다는 것이다.

산에 오르는 일은 몸이 매우 힘든 일이다. 그럼에도 사람들은 산에 오르는 것을 즐긴다. 만약에 산에 오를 때마다 보상을 받게 된다면 어떨까? 아마도 산에 오르는 자체의 기쁨은 사라지고, 산에 오르는 것이 하나의 일처럼 혹은 하나의 숙제처럼 느껴질 것이다.

우리나라에서도 노벨상 수상자를 배출해보자는 뜻으로

노벨상 수상자들을 초청해 강연회를 개최한 적이 있다. 그때 여러 수상자들이 공통적으로 언급한 부분은, 그들이 노벨상을 받기 위해 연구를 시작했다면 열정과 끈기로 오랜 시간 연구에 매달리지는 못했을 것이라는 것, 그리고 그들 스스로 원해서 하다 보니 노벨상을 받게 되었다는 것이다.

페렐만은 상과 부상 모두를 거부함으로써 돈이나 명성으로부터 얼마든지 자유로울 수 있다는 것을 몸소 보여주었다. 그의 선택은 외부로부터의 보상에 매몰되어 살아가는 우리에게 신선한 충격을 준다. 아이러니하게도 그는 현재 그 어떤 수학자들보다 큰 명성을 얻고 있다.

애매함을 견디다

프린스턴대학에 한 수학자가 있었다. 한동안 연구 성과도 없고, 몇 년 동안 발표하는 논문도 없어서 사람들은 그가 더는 연구를 하지 않는다고 추측했다. 종종 가족과 함께 대학 근처 호숫가를 산책하는 그의 여유로운 모습은 사람들의 추측을 증명해 보이는 듯했다. 적어도 표면적으로는 그랬다.

그러나 사실 그는 열 살 때 우연히 접한 문제를 해결하기 위해 거의 30년 동안 누구보다도 창의적인 연구에 몰두하고 있었다. 바로 350여 년간 미해결 문제로 남아 있던 '페르마의 마지막 정리'다. 이 페르마의 마지막 정리에 대한 이야기를 시작해보자.

초등학교 수학에 가로, 세로가 각각 1인 정사각형 모양의 타일을 모아 큰 정사각형 모양을 만드는 문제가 등장한다. 그렇다면 만들어진 큰 정사각형을 분해해 그보다 작은 두 개의 정사각형을 만드는 것이 가능할까?

답은 '가능한 경우가 있다'이다. 예를 들어 가로, 세로가 5인 정사각형의 모양은 가로, 세로가 1인 타일 25개로 만들어진다. 이것을 타일 16개(가로, 세로가 4인 정사각형)와 9개(가로, 세로가 3인 정사각형)인 정사각형으로 나눌 수 있다. 그러므로 큰 정사각형을 두 개의 작은 정사각형으로 나누는 것은 가능하다.

이 문제를 한 차원 더 높여서 가로, 세로 높이가 각각 1인 정육면체의 나무 블록을 모아 큰 정육면체 모양을 만들었다고 하자. 위의 정사각형과 마찬가지로 큰 정육면체를 분해해 그보다 작은 두 개의 정육면체를 만드는 것이 가능할까? 이 질문을 식으로 표현하면 다음과 같다.

$x^2 + y^2 = z^2$ 을 만족하는 정수 x, y, z 는 있다. 그러면 $x^3 + y^3 = z^3$ 을 만족하는 정수 x, y, z 가 있을까? 놀랍게도 3에서는 없다. 그러면 n이 3보다 큰 정수일 때 $x^n + y^n = z^n$

을 만족하는 정수 x, y, z 가 있을까?

페르마Pierre de Fermat는 1637년에 n이 3보다 큰 정수일 때 $x^n + y^n = z^n$을 만족시키는 정수 x, y, z는 없다고 주장했지만 그 증명 방법은 남겨놓지 않았다. $n=4$일 경우는 페르마가 증명한 바 있지만, $n=3$의 경우는 아무도 증명해내지 못했기에 이후 이것을 '페르마의 마지막 정리'라고 부르게 됐다. 그리고 그로부터 120년이 지나 스위스의 수학자 오일러가 $n=3$일 때를 증명했다.

$n=5$일 때는 페르마의 주장이 있고부터 약 200년이 지난 뒤에 디리클레Peter Dirichlet, 르장드르Adrien Marie Le Gendre, 가우스 등 19세기 여러 수학자에 의해 증명됐다. 그 이후 여러 가지의 경우 n에 대해 페르마의 주장이 증명되었고, 1978년에는 n이 125,000보다 작으면 페르마의 주장이 옳다는 것이 증명됐다. 그러나 이러한 각개의 방식으로는 페르마의 정리를 완전히 증명하기는 불가능했다.

그러다가 운명처럼 정수론과 타원 곡선 이론이 절묘하게 만나게 되면서 별개로 여겨졌던 두 분야의 핵심 연구 결과들이 서로 연결되기 시작했다. 그 만남을 주선한 사람은 일본 수학자 타니야마^Taniyama와 시무라^Shimura다.

그리고 마침내 앞에서 이야기한 프린스턴대학의 수학자가 결국 타니무라와 시무라의 방법을 이용해 페르마의 마지막 정리를 증명하게 되는데, 그가 바로 와일스^Andrew Wiles다. 와일스의 증명은 수학자에게도 매우 어려워서 일반인에게는 대략적으로라도 설명이 불가능하다. 그의 증명의 얼개를 매우 단순하게 말하면 이렇다.

페르마 정리가 틀리다면 위의 만남에 의해 타원 곡선에 대한 이론과 연결되어 어떤 A라는 성질을 절대로 가질 수 없는데, 그렇게 연결되면 반드시 A라는 성질을 갖는다는 증명이다.

이 증명은, 고도의 독창적인 창의성으로 수많은 사람들의 연구 결과를 실타래처럼 연결해 구성됐다. 그 수많은 사람들의 연구 중 단 하나라도 잘못 얻어진 결과라면 이 증명은 아무런 의미가 없게 된다. 따라서 수학에서는 논문의 정확도가 생명이고, 수학자들은 일단 점검된 수학적 결과에 대해서는 신뢰한다. 와일스가 페르마의 마지막 정리를 증명하기까지는 350년 이상의 시간이 걸렸다. 그 결과가 발표된 날은 1993년 6월 23일이었다.

그러나 그로부터 석 달이 지나지 않아 와일스는 자신의 증명에 약간의 오류가 있음을 시인해야만 했다. 그의 논문이 발표되자 그 분야의 전문가들은 그의 증명에 문제가 있다는 것을 인식했다. 수학에서는 옳다는 것을 99.999% 증명해도, 논리적으로 완벽하지 않다면 그것은 아무런 의미를 갖지 못한다. 반드시 100%의 완성도로 증명해야 한다.

와일스는 원점으로 돌아가 다시 시작해야 했고, 마지막 0.001%를 증명해내야 했다. 그 과정은 매우 힘들고 몸서리치게 처절한 과정이었다. 더군다나 그가 해결해야 할 문제는 350년 동안 수많은 수학자들이 풀고자 애썼던 수학계의 가장 큰 난제였다. 그가 느꼈을 심리적 압박은 우리로서는 상상할 수도 없는 것이었으리라.

그러나 그로부터 1년 후, 와일스는 결국 페르마의 마지막 정리를 증명하는 데 성공한다. 오랫동안 암흑 속에서 쌓아 올린 그의 천재적인 생각들이 마침내 결실을 맺으며 빛을 보게 된 것이다. 심리학자 로버트 스턴버그[Robert Sternberg]의 말처럼 그는 그 애매함을 견뎌냈다.

미래가 요구하는 창의성은 불확실한 애매함을 견디는 것이다.

대입 시험을 위한 우리나라의 수학 교육에서는 절대 실수를 허락하지 않는다. 빠른 시간 안에 정확하게 계산해 즉시 답을 내야 한다. 애매함이 허락될 여지가 없다.

우리나라의 학생들은 상위권 대학을 가기 위해 고등학교에 들어가서 가급적 빠르게 고등학교 과정을 모두 끝낸다. 그리고 나머지 고등학교 과정 동안 같은 내용을 반복하고 또 반복해 공부한다. 학원이나 학교에서는 학생들에게 엄청난 양의 문제를 주고 풀게 하는데, 반복적으로 훈련함으로써 실전에서 최대한 위기 상황을 겪지 않게 하려는 의도이다. 다시 말해 실수를 최소화하는 전략으로 수학 교육이 이루어지는 셈이다.

발견의 기회는 위기를 통해서 온다고 하는데, 우리나라 대다수의 교육 기관에서는 위기를 겪지 않게 하는 전략을 사용한다. 이러한 교육 방식으로는 발견의 논리도, 애매함을 견디는 능력도 키우지 못한다. 우리의 교육이 미래 사회에서 필요로 하는 능력과는 반대 방향에 서 있는 격이다. 이제라도 이러한 교육 환경에 대한 성찰이 이루어지고 있는 것은 다행한 일이다.

고정점 —
경험이 닿지 않는 곳

다음의 경우 서울과 런던의 온도가 정확히 같아지는 시각이 있을까?

어느 날 정오, 서울의 온도는 5°, 런던의 온도는 12°였다. 시간이 지나 오후 6시가 되자 서울의 온도는 12°가 되었고, 런던의 온도는 5°가 됐다.

이 문제는 언뜻 보면 대단히 어렵고 생각하기 힘든 문제처럼 보인다. 그러나 x축과 y의 좌표축을 만들어서 x축에 시간을, y축에 온도를 표시해 그래프를 그리면 생각보다 어렵지 않다.

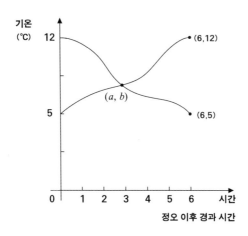

서울의 온도 그래프는 y축 $(0, 5)$에서 시작해 $(6, 12)$에서 끝나는 어떤 곡선이 되고, 런던의 온도 그래프는 y축 $(0, 12)$에서 시작해 $(6, 5)$에서 끝나는 곡선이 되는데, 두 곡선은 반드시 만날 수밖에 없다. 그 만난 점을 (a, b)라고 할 때, a시각에 두 도시의 온도는 정확하게 $b°$로 같아진다.

고정점 이론^{fixed point theory}은 이러한 특별한 지점이 있다는 것을 연구한다. 이 연구는 네덜란드의 수학자 브라우어르^{Luitzen Brouwer}에 의해 시작되었으며, 수학뿐 아니라 경제, 공학 등에 매우 널리 쓰이는 유용한 이론이다. 노벨 경제학상 수상자 존 내시John Nash는 고정점 정리를 이용해 내시 균형Nash Equilibrium을 증명함으로써 기념비적인 게임 이론의 장을 열었다.

브라우어르가 증명한 고정점 정리Brouwer fixed-point theorem를 쉽게 설명하면, 구간 [0, 1]에서 같은 구간 [0, 1]로 가는 어떤 연속 함수에서도 반드시 [0, 1]에 어떤 점 a가 있어서 그 함수는 a를 a로 보낸다. 이때 이 a를 고정점이라고 한다.

위의 표현은 1차원의 브라우어르 고정점 정리다. 2차원에 대한 것은 가로, 세로가 1인 정사각형 $[0, 1] \times [0, 1]$에서 그 자신인 $[0, 1] \times [0, 1]$로 가는 어떤 연속 함수에서도 반드시 $[0, 1] \times [0, 1]$에 어떤 점 a가 있어서 그 함수는 a를 a로 보낸다.

3차원은 가로, 세로, 높이가 1인 정육면체 $[0, 1] \times [0, 1] \times [0, 1]$에서 그 자신인 $[0, 1] \times [0, 1] \times [0, 1]$로 가는 어떤 연속 함수에 대한 것이고, 이런 식으로 임의의 n차원의 브라우어르 고정점 정리도 증명됐다. 고정점 정리를 이용해 헤어리 볼 정리Hairy ball theorem도 증명할 수 있다. 이를 테니스공을 이용해 설명해보자.

테니스공처럼 털이 있는 공의 경우, 빗질을 연속적으로

해서 털을 전부 옆으로 밀어 테니스공에 붙도록 할 수는 없다는 정리다. 즉 테니스공에 붙어 있는 털 중의 하나는 테니스공에 붙지 않고 위로 올라간다는 것이다. 만약 사람의 얼굴이 완전한 공처럼 구라면 머리카락을 빗질할 때 어떤 일이 발생할까? 머리카락 중 최소한 하나는 머리에 붙지 않고 위로 올라갈 것이다.

헤어리 볼 정리를 자연현상에서 일어나는 바람에 적용해 설명할 수도 있다. 지구 전체에 바람이 연속하여 옆으로 움직인다고 할 때, 최소한 지구 한 지점에서는 반드시 바람이 옆으로 불지 않고 회오리처럼 위로 솟구친다.

또한 브라우어 고정점 정리와 비슷한 종류의 여러 정리가 있는데, 그중에 브라우어 고정점 정리의 의미를 내포하고 있는 보르작 울람 정리Borsuk–Ulam theorem가 있다. 1차원에 대한 이 정리는 "원 위의 각 점에 연속적으로 어떤 값을 주면, 반드시 한 점의 180° 반대 방향에 대척점이 존재해 이 두 지점에서 주어진 값이 같아진다"이다.

1차원에 대한 보르작 울람 정리를 지구 온도에 적용해보자. 우리가 지구 위에 임의의 원을 그어 원에 있는 각 점의 온도를 측정하면 반드시 한 점의 대척점인 지점이 존재해 이 두 지점에서는 온도가 정확하게 같다는 것이다. 그렇지만 이 증명이 실제로 그곳이 어디인지 찾을 수 있다는 것은 아니다.

온도가 아니라 습도인 경우에도 적용할 수 있다. 습도의 경우도 한 지점의 대척점이 존재해 이 두 지점에서는 습도가 정확하게 같다. 하지만 온도에 대한 대척점과 습도에 대한 대척점이 같은 것은 아니다.

또한 2차원에 대한 보르작 울람 정리에 의하면 온도와 습도같이 연속으로 변하는 임의의 두 개의 변인을 잡으면, 어떤 때라도 서로 지구의 정반대antipodal의 대척점에 위치한 두 지점이 존재해 그 두 지점에서 정확하게 온도와 습도가 같다는 것을 증명할 수 있다. 두 변인을 온도와 기압으로 잡아도 온도와 기압이 같은 대척점에 위치한 두 지점이 존재한다. 그러나 온도와 습도에 대한 대척점과 온도와 기압에 대한 대척점이 같은 것은 아니다.

빵 두 장 사이에 몇 장의 햄과 몇 장의 치즈를 넣은 샌드위치가 있다고 하자. 보르작 울람 정리에 의하면 이때 칼로 단번에 샌드위치를 잘라 나누어 빵의 양과 햄의 양, 치즈의 양을 정확히 똑같게 할 수 있다는 것도 증명할 수 있다. 수학에서는 이것을 햄 샌드위치 정리Ham sandwich theorem라고 부른다.

위에서 설명한 바와 같이 수학은 이론상으로는 가능하지만 현상에서 정확히 찾을 수 없는 것들을 수학적 사고를 통해 증명한다. 이러한 점에서 수학 이론은 다른 분야에 비해 독특한 특성을 지닌다.

이론상으로 수학의 이론(정리)은 몇몇의 경우 혹은 몇 번의 경우에만 성립하는 것이 아니라 어떤 경우에도, 즉 무한정 시행해도 항상 그 이론이 성립한다는 특성을 지닌다. 그래서 사고를 통해 만들어낸 이러한 결과들은 실험을 한다 해도 그와 같은 결과를 결코 얻어낼 수 없다. 우리가 어떻게 무한개의 샌드위치를 자를 수 있겠는가.

한편 브라우어르는 수학의 기초에 관한 철학 사조 중 직관주의intuitionism를 창시했다. 이 직관주의는 다소 과격해서 유한번의 단계로 구성이 가능한 증명만을 받아들이고, 비구성적인 증명은 받아들이지 않았다. 그런데 아이러니하게도 고정점 정리에 대한 그의 증명이 고정점의 존재성은 밝혔으나 그것을 구하는 과정은 없는 비구성적 증명이었다. 인간은 이렇게 때때로 모순적이다.

위상수학의 탄생 —
무언가 사라져야
본질이 남는다

독일 쾨니히스베르크에는 강이 지나고 있고, 두 섬을 연결하는 일곱 개의 다리가 있다. 사람들은 '각각의 다리들을 한 번씩만 지나 모든 다리를 건너갈 수 있을까?' 하는 의문을 품었다.

이 소문을 들은 오일러는 이 문제를 해결하기 위해 이전까지의 기하에서 중요하게 생각했던 강의 폭, 섬의 크기 등과 같은 측정의 관점이 전혀 필요하지 않고, 단지 다리와 섬들 사이의 상대적인 위치에 따른 관계만이 필요하다는 것을 알게 됐다. 그래서 필요 없다고 생각되는 부분을 다음 그림과 같이 과감히 제거했다.

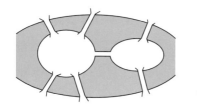

그림 1

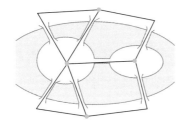

그림 2

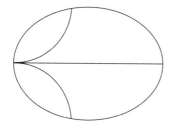

그림 3

일곱 개의 다리를 한 번씩만 지나 모든 다리를 건너는 방법은?

그 결과 각각의 섬들을 점으로 표현하고, 다리는 선으로 표시하여 나타냄으로써 이 문제를 해결했는데, 오일러의 혁명적이고 창의적인 생각이 추상기하, 즉 위상수학의 탄생을 알리는 위대한 서막이었다.

오일러는 한 번씩만 지나 모든 다리를 건너기 위해서는 시작하는 지점과 마지막 도착하는 지점을 제외하고 다른 모든 지점에서는 다리를 건너 그곳에 닿을 때마다 그 다리가 아닌 다리를 통해 그곳을 나갈 수 있어야 하므로, 그 점에 연결된 선의 개수가 짝수여야 한다는 것을 알게 됐다. 하지만 2번 그림을 보면 점에 연결된 선의 개수가 모두 홀수이므로 각각의 다리들을 한 번씩만 지나 모든 다리를 건너갈 수 있는 방법은 존재하지 않는다.

오일러는 이러한 문제를 일반화하여 어떤 그래프에서 각각의 선을 한 번씩만 건너 그래프의 모든 선들을 지날 수 있는 경우를 모두 밝히게 되었는데, 이것을 오늘날 오일러의 한붓그리기 정리라고 한다.

위상수학은 영어로 토폴로지Topology라고 하는데, 그리스어 어원상으로 위치나 공간을 뜻하는 토포스topos와 이성을 뜻하는 로고스logos가 합쳐진 말이다. 위상수학에서는 상대적인 위치에 따른 기하학적인 특성, 연결성, 연속성 등을 다루며, 수학 분야의 기초를 이루면서도 응용력이 매우 강하여 수학이 아닌 많은 제반 분야에서 넓게 활용되며, 특히 이론물리학 연구에 필수적이다.

위상수학에서 추구하는 정신은 예술에서도 찾아볼 수 있다. 화가 몬드리안이 활동하던 시기인 20세기는 미술사에서 가장 창의적인 시기였다. 몬드리안은 사물을 있는 그대로 묘사하는 방식을 버리고, 사물 속에 내재되어 있는 구조의 보편적인 본질을 찾고자 했다. 이를 위해 필요 없는 부분을 과감히 제거하고 단순하게 바라보면 사물의 구조 관계에 대한 본질이 드러나리라 생각한 것이다.

그는 일련의 작업을 통해 결국은 사물의 본질을 수평선과 수직선, 교차 그리고 색상의 관계로 설정했다. 그러고는 이를 바탕으로 사물에 내재된 보편적인 아름다움을 추구했다. 그는 이 혁명적이고 창의적인 방식으로 추상미술사에 한 획을 그을 만큼 절대적인 영향을 끼쳤다. 이 방식은 위상수학의 추상화 방식과 본질적으로 거의 동일하다. 그런 면에서 볼 때 몬드리안은 넓은 의미로 화가인 동시에 위상수학자다.

비유클리드 기하 —
집단의 신념이라는 장벽

초등학교 저학년 수업시간, 학생들은 산만하게 행동하느라 수업에 집중하지 않았다. 학생들의 태도에 화가 나고 지친 선생님은 아이들에게 1부터 100까지 더하라고 문제를 내주었다. 그런데 한 학생이 나와서는 계산도 해보지 않고 5,050이라고 썼다. 선생님은 깜짝 놀라 어떻게 답을 구했는지 물었다.

그러자 학생은 1, 2, 3, …, 100까지 쓰고, 그 밑에 이것을 다시 거꾸로 100, 99, 98, …, 1로 배열해 결국 $(1+100)+(2+99)+(3+98)+\cdots+(100+1)$, 즉 $101\times100=10,100$을 구한 뒤 그것을 2로 나누어 5,050을 구했다고 말했다. 이 일화는 가우스가 아홉 살 때의 이야기다.

당시 가우스의 어머니는 하녀로 일했고, 그의 아버지도 이곳저곳을 전전하며 여러 가지 일을 했다. 그의 집은 늘 가난했고, 아버지는 그가 공부하는 대신 생활에 도움이 되는 일을 하기를 원했다.

그러나 가우스의 천재성에 감탄한 선생님은 그가 계속 공부할 수 있도록 그의 부모를 설득하고 적극적으로 도왔다. 선생님의 도움으로 가우스는 좋은 책들을 많이 읽을 수 있었는데, 그중 하나가 유클리드의『원론』이다.

유클리드는『원론』에서 다음처럼 기하에 관계된 다섯 개의 공리를 바탕으로 465개의 명제들을 증명했다.

공리1: 모든 점에서 다른 모든 점으로 직선을 그릴 수 있다.

공리2: 유한한 직선을 한 직선 안에서 계속해서 확장할 수 있다.

공리3: 모든 점에서 모든 거리를 반지름으로 하는 원을 그릴 수 있다.

공리4: 모든 직각은 서로 같다.

공리5: 두 직선과 만나도록 그린 한 직선이 만드는 어느 한 쪽의 두 내각을 더한 것이 두 배의 직각보다 작다고 하자.

그러면 두 직선을 무한히 길게 늘렸을 때, 두 직선은 내각의 합이 두 배의 직각보다 작은 쪽에서 만난다.

5번 공리를 흔히 평행선 공리라고 하는데 다음과 같이 표현할 수도 있다.

평행선 공리: 한 직선 l과 l 위에 있지 않은 한 점 P에 대해 P를 지나 직선 l과 평행인 직선 m이 유일하게 존재한다.

『원론』이 쓰인 이래로 2000년간 네 개의 공리로부터 5번 공리(평행선 공리)를 증명하고자 했으나 모두 실패했다. 가우스는 이 문제를 이전의 수학자들과 다른 각도로 생각해 보았다. '원론에서 나머지 공리 네 개는 그대로 쓰고 평행선 공리를 다른 공리로 교체하면 모순이 나올까?'라는 의문으로 문제에 접근한 것이다.

만약에 나머지 네 개의 공리로 평행선 공리가 증명된다면 다른 공리로 교체된 수학 체계는 반드시 모순이어야 한다. 이런 생각을 할 당시 가우스의 나이 겨우 12세였다. 이후 연구를 거듭해 이 문제를 해결했으나 당시의 여러 시대

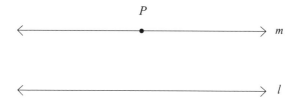

평행선 공리를 나타낸 그림

적인 상황으로 발표하지 않고 있었다. 그런데 그의 친구이자 수학자인 퍼르커시 보여이Farkas Bolyai는 자신의 아들이 이 문제를 해결했다면서 가우스에게 풀이가 맞는지 확인을 부탁했다.

퍼르커시 보여이는 수학에 천재적인 재능을 보이던 아들이 이 문제에 관심을 갖고 연구를 시작하자 "평행선 공리에 대한 증명 문제는 너를 파멸로 이끌 것이니 절대로 이에 대해 시간을 허비하지 말라"고 충고한다. 그러나 퍼르커시 보여이의 아들은 그 충고를 받아들이지 않고 연구를 지속해 가우스와 같은 결론에 이른 것이다. 그가 바로 가우스에 버금가는 천재 수학자 야노시 보여이János Bolyai다.

그는 가우스가 생각했던 것과 같이 나머지 공리 네 개는

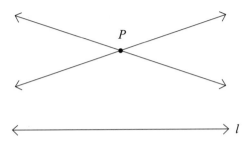

쌍곡 공리를 나타낸 그림

그대로 쓰고 평행선 공리를 다른 공리로 교체하더라도 유클리드 기하와 같이 아무런 모순이 없는 새로운 수학 체계가 성립한다는 것을 증명했다. 이로써 그는 새로운 기하, 비유클리드 기하의 탄생을 열었다.

그의 증명 내용은 '유클리드 기하가 모순이 없다면 평행선 공리를 다른 공리, 즉 쌍곡 공리로 대체한 비유클리드 기하도 모순이 없다'라는 것이다. 쌍곡 공리는 위의 그림처럼 "한 직선 l 위에 있지 않은 점 P를 지나서 l과 평행인 직선이 적어도 두 개 존재한다"이다.

아들의 업적에 감탄한 퍼르커시 보여이는 가우스에게

자신의 아들이 증명한 내용을 보내 확신을 얻고자 했다. 그러나 가우스는 그의 아들 야노시 보여이가 천재인 것이 분명하고, 연구 또한 대단한 것은 틀림없지만 자신이 이미 했던 연구와 정확하게 일치한다는 내용의 편지를 보냈다.

이 편지를 받은 야노시 보여이는 위대한 수학자가 자기의 업적을 가로채려고 한다고 생각해 극도로 실망한 채 깊은 우울감에 빠졌고, 이후로는 절대 연구 결과를 발표하지 않았다.

그런데 정말 가우스가 야노시 보여이의 연구 업적을 가로채려고 했을까? 이를 알아보기 위해서는 당시의 시대 상황을 살펴볼 필요가 있다.

가우스가 태어나기 50여 년 전 독일에서는 이미 한 명의 위대한 천재가 태어났다. 바로 칸트다. 그는 인간이 '무언가를 안다는 것'을 두 가지로 구분했다. 그는 먼저 지식을 선험적 지식과 경험적 지식으로 구분했다. 경험적 지식과 달리 선험적 지식은 경험에 의해 좌우되지 않고 태어나면서부터 인간이 가지고 있는 것이기에 참으로 인정할 수 있다고 보았다.

또한 판단이라는 개념을 사용해 분석적 지식과 종합적

지식으로 분류했다. 분석적 지식은 논리적인 형식에 의해 참인 진술로서, '진돗개는 개다'와 같은 다소 가치 없는 진술이고, 종합적 지식은 분석적인 지식이 아닌 것으로 의미 있는 진술이지만 참인지는 알 수 없는 진술이다. 이를 표로 나타내면 다음과 같다.

선험적 지식	경험적 지식
분석적 지식	종합적 지식

이 표에서 대각선 방향으로 연결해 생각했을 때, 우선 경험적이고 분석적 지식은 존재하지 않는다. 그러나 다른 대각선에 있는 선천적이고 종합적인 지식은 의미 있는 지식인데, 우리가 이것을 어떻게 획득할 수 있는가가 중요한 문제다.

칸트는 유클리드 기하를 이것의 중요한 예로 들었다. 칸트에 의하면 인간은 내적 통찰력에 의해 정신의 구조 속에 유클리드적 공간 형식을 부여하기 때문에 유클리드 기하의 법칙은 경험적이 아니라 선험적이며, 유클리드 기하는 의미 있는 종합적 지식이라고 주장했다.

가우스가 살았던 시기는 칸트의 철학이 후계자들에 의해 유럽 전역에 강력한 영향력을 행사하던 때였다. 유클리드 기하가 참인 선험적 지식이라면, 평행선에 관한 상반된 조건 때문에 유클리드 기하와 공존할 수 없는 비유클리드 기하는 반드시 모순이 있어야 한다.

그러나 야노시 보여이와 가우스가 증명한 바에 따르면, 유클리드 기하가 모순이 없다면 쌍곡 공리로 대체한 비유클리드 기하도 모순이 없다는 것이다. 그러므로 비유클리드 기하가 모순이 있으면 유클리드 기하는 반드시 모순이 있어야 한다.

그러므로 위의 사실을 공표한다는 것은 칸트의 견해를 전적으로 부정하는 것이고, 이는 그 시대의 주류인 칸트의 후계자들과 엄청난 논쟁을 예고하는 것이었다. 가우스는 그런 논쟁에 휘말리는 것을 대단히 두려워해 연구 결과를 발표하지 않았던 것이다.

그런데 가우스가 야노시 보여이의 증명이 있기 전에 이미 그와 똑같은 결과를 얻었다는 사실을 어떻게 확인할 수 있을까? 그것은 야노시 보여이의 발표 이전에 가우스가 이미 자신의 친구인 프란츠 타우리누스Franz Taurinus에게 보낸 편지로 알 수 있다. 그 편지에는 비유클리드 기하에 대한 핵심적인 대부분의 내용이 담겨 있었다.

그렇지만 야노시 보여이는 자신의 발견을 이후에 아버지 퍼르커시 보여이의 책 『Tentamen』의 부록으로 실었기 때문에 비유클리드 기하를 논문으로 발표한 최초의 사람은 가우스도 야노시 보여이도 아닌 러시아 수학자 로바쳅스키Nikolai Lobachevskii였다. 그렇지만 그의 살아생전에 비유클리드 기하는 인정받지 못했었다. 로바쳅스키는 러시아어로 논문을 발표한 이후 1840년에 독일어로 다시 발표했는데, 그 논문은 그 문제에 관심이 많았던 가우스의 유품에서도 발견됐다.

수학에 있어서 코페르니쿠스적 사건과 같은 이 혁명적인 결과는 위대한 천재 세 명이 모두 사망하고 10여 년이 지나 벨트라미Eugenio Beltrami, 클라인, 푸앵카레 등의 또 다른 위대한 수학 천재들의 연구에 의해 결국 인정받게 된다.

시대를 뛰어넘는 생각이 받아들여지기까지 넘어야 할 장벽은 아주 많다. 그중 가장 어려운 장벽은 그 시대를 지배하고 있는 집단의 권위와 신념이다. 그 집단의 권위와 신념은 견고해서 쉽사리 깨지지 않는다. 이것을 깨기 위한 수많은 사람의 노력이 쌓이고, 세월의 흐름에 따라 그 집단이 퇴조하고, 그러면서 그 신념에 오류가 있었다는 사실이 발견되면 결국 그 신념과 권위는 무너진다.

무너지는 것은 순간이지만 그것이 무너지기까지는 오랜 시간이 필요하다. 옳은 일이라도 그것이 시행되려면 무르익는 시간이 필요하며, 결국 옳은 것은 승리한다. 그리고 반드시 그러리라 믿고 싶다.

갈루아 이론 –
시대를 앞서간
아름다운 이상

슈발리에^{Auguste Chevalier}에게 한 통의 편지가 도착했다. 이것은 수학사에서 가장 의미 있는 편지이며, 이 편지로 인해 우아하고 창의적인 수학의 새로운 문이 열렸다. 이 편지는 1832년 5월 31일에 요절한 천재 수학자 갈루아^{Evariste Galois}가 쓴 마지막 세 통의 편지 가운데 하나다.

프랑스 혁명 이후 혼란하던 시절, 급진적인 공화주의자였던 갈루아는 어떤 이유에서였는지 동지라고 할 수 있는 두 공화주의자들에 의해 결투 신청을 받았다.

그들은 총을 잘 다루었기에 그들과 결투하면 분명 죽으리라는 것도, 그리고 그 죽음이 의미 없다는 것도 알고 있었지만, 그는 결투장으로 향했고 그 결과 21세의 젊은 나

이에 생을 마감했다. 우리는 천재 수학자 한 사람을 그렇게 잃었다. 아마도 그의 순수한 감성과 명분, 그리고 평소 그가 해왔던 행동 양식으로 보아 그는 결투를 거절하는 불명예를 남기고 싶지 않았을 것이다.

그의 유일한 친구라고 할 수 있는 슈발리에에게 보낸 편지에는 그가 당시 태동하기 시작한 군 Group에 대한 개념을 방정식 이론에 끌어들여 놀라운 결과를 얻었다는 내용이 담겨 있었다. '갈루아 이론Galois theory'은 수학에서 서로 다른 줄로만 알았던 분야와 분야를 연결시켜 서로 만나게 한 수학 역사상 가장 의미 깊은 이론 중 하나다.

갈루아 이론을 이해하기 위해 먼저 학교 수학에서 배웠던 방정식을 살펴보자. 2차 방정식 $ax^2 + bx + c = 0,\ a \neq 0$에서는 다음과 같은 근의 공식을 이용해 x의 값을 구할 수 있다. 이 방법이 우리가 흔히 아는 대수적 방법이다.

$$x = \frac{-b \pm \sqrt{b^2 - 4ac}}{2a}$$

16세기가 되자 3차 방정식과 4차 방정식에도 2차 방정식에서와 같이 대수적인 근의 공식이 존재해 근을 구할 수 있다는 것이 밝혀졌다.

그러나 문제는 5차 방정식이었다. 5차 방정식에 대해서는 그 이후로 꽤 오랫동안 어떤 결론도 도출하지 못했다. 그러다가 1824년 아벨Niels Henrik Abel이 루푸니Paolo Ruffini의 연구를 이어나감으로써 5차 이상의 방정식에는 대수적 근의 공식이 없음을 증명했다. 안타깝게도 아벨 또한 27세에 요절한 갈루아처럼 불운했던 수학자다.

그런데 얼마 지나지 않아 갈루아가 놀라운 아이디어를 제시했다. 5차 이상의 방정식에서 대수적 방법으로 근을 구할 수 있는지 없는지에 대하여, 갈루아군 Galois group이라는 놀라운 아이디어로 군의 가해성solvability이라는 개념과 연결시켜 증명했다. 이 아이디어는 그 시대에는 도저히 생각해낼 수 없는 선구적인 것이어서 당시 최고의 수학자들도 그 개념을 이해하거나 따라가지 못했다.

그렇다면 군이란 무엇일까? 우선 정수의 집합 Z를 생각해보면, 정수에는 덧셈 연산(+)이 있고, 두 정수를 더하더라도 다시 정수가 되며(즉 a, $b \in Z \Rightarrow a + b \in Z$) 다음의 성질을 만족한다.

1. 덧셈에 대한 결합법칙: $(a+b)+c=a+(b+c)$

2. 덧셈에 대한 항등원 0의 존재: $a+0=0+a=a$

3. 덧셈에 대한 역원의 존재: a에 대하여 $-a$가 존재하여 $a+(-a)=(-a)+a=0$

이런 성질을 추상화해 구성한 것이 군이라는 수학적 개념이다. 즉 군은 결합법칙과 항등원과 각 원소의 역원이 있는 연산을 갖고 있는 대수 구조다.

군의 연구는 수학의 가장 중요한 분야 중 하나다. 군 자체에 대한 연구도 심오하지만, 자연현상 및 사물의 구조를 군으로 표현한 대수적 구조로부터 심오한 결과를 이끌어 내기도 한다. 누군가 나에게 현대 수학의 가장 중요한 개념이 무엇이냐고 묻는다면, 나는 주저 없이 군의 개념이라고 말할 것이다. 왜냐하면 군의 개념은 수학의 거의 모든 분야에서 중요한 역할을 담당하기 때문이다.

예를 들어 숫자 1, 2, 3으로 이루어진 집합 $S=\{1, 2, 3\}$이 있다고 하고, 집합 S에서 S로 가는 일대일 함수를 모두 모은 것을 S_3라고 쓰자. 이때 $f, g \in S_3$에 대해 연산 ∘을 함수의 합성 $f \circ g \in S_3$로 정하면, $S=\{1, 2, 3\}$은 연산 ∘에 대해

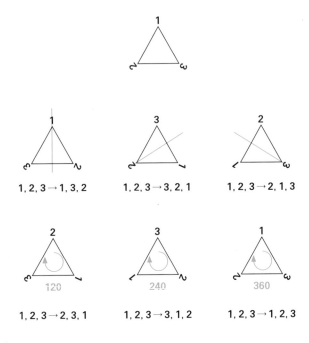

군을 이루게 되는데, 이 군 S_3를 집합 S에 대한 대칭군이라고 한다. 이 대칭군 S_3는 위의 그림과 같이 정삼각형의 각 꼭짓점에 번호 1, 2, 3을 붙이고 직선을 축으로 해서 회전하거나 돌려서 원래의 위치로 오게 함으로써 1, 2, 3의 순서가 바뀌게 되는 여섯 종류의 일대일 함수를 원소로 갖는 군 구조를 이룬다.

일반적으로 1, 2, 3,⋯, n으로 이루어진 집합 $S = \{1, 2, 3,$ ⋯, $n\}$에 대한 대칭군을 S_n이라 표기한다. 갈루아의 위대한 연구 결과는 방정식의 대수적 근의 공식의 유무에 대한 조건을 대칭군 S_n 구조와 연결시켰다는 것이다.

여기서 간단히 설명하기는 어렵지만, 전문적인 용어를 사용하면 대칭군 S_n은 n이 5보다 작을 때와 5 이상일 때 군의 가해성이라는 구조가 달라진다. 갈루아가 증명한 것은 S_n은 5보다 작을 때는 가해성이 있어서 4차 방정식까지는 대수적 근의 공식으로 근을 구할 수 있지만, S_n이 5 이상일 때는 가해성이 없어서 5차 방정식 이상에서는 일반적인 대수적 근의 공식이 존재하지 않는다는 것이다.

어떻게 이렇게 아름답고 깊으며 창의적인 생각을 할 수 있었는지 그저 놀라울 뿐이다. 갈루아의 삶을 돌이켜보면, 그는 결코 성공한 사람이라고는 볼 수 없다. 본인이 가고자 하는 대학에 두 번이나 낙방했고, 아버지는 억울한 누명을 쓰고 자살했다. 그가 쓴 논문들은 그 시대에 인정받지 못했고, 프랑스 혁명으로 당시 시대 상황은 불안했다. 그런 정치 상황으로 급진적 공화주의자였던 갈루아는 투옥까지 되고, 마지막에는 결투에 의해 사망하는, 어쩌면 그는 더할 나위 없이 불행한 사람이었는지도 모른다.

그렇지만 그에게는 그를 인정해주고 알아주는 좋은 친구 슈발리에가 있었다. 갈루아가 죽은 뒤 슈발리에는 헌신적인 노력을 기울여 그의 업적이 빛나도록 만들었다. 만약 그의 이러한 노력이 없었다면 수학사에 갈루아의 이름은 없었을지도 모른다.

동시대 사람들이 이해하지 못하는 천재성으로 무언가를 탐구하고 발견해내며 시대를 앞선다는 것은 더없이 고독하고 힘든 일이다. 갈릴레이가 그랬고 고흐가 그랬으며, 정약용도 카프카도 그리고 수없이 많은 천재가 그랬다. 그렇더라도 결국 그들의 생각이 시대를 이끌었고, 또 이끌어가고 있다. 그리고 그 뒤에는 그들을 인정하고 지지해주는 누군가가 반드시 있었다. 어쩌면 여러분도 그중 한 사람이 될지 모른다. 누가 알겠는가.

이해하는 것과
믿는 것의 차이

수영을 배운다고 가정해보자. 이때 몸으로 체득하지 않고 이론적으로만 수영하는 법을 터득했다면 훈련 없이도 수영이 가능할까? 그에 대한 답을 '그렇다'라고 만든 사람이 있다.

20세기 초의 수학자이자 위대한 물리학자인 칼루차 Theodor Kaluza는 책을 통해 수영하는 법을 이론으로 익힌 다음, 실제적인 수영 연습 없이 그냥 물로 뛰어들어 수영했다. 그 물이 얕은 냇가였는지 강이었는지 호수였는지는 알려진 바 없지만, 나는 그가 목숨을 걸 만큼 이론을 신뢰하고 믿고 행동에 옮겼다고 생각한다.

문자로 쓰인 이론을 이해하는 것과 믿는 것은 같아 보이지만, 사실 여기에는 차이가 있다. 종교의 경우에 비추어보면 당장 이해하는 것과 믿는 것의 차이를 알 수 있다. 어떤 종교를 이해하기만 한 사람과 그 종교를 믿는 사람의 행동 양식은 분명 다르다.

로마의 캄피돌리오 광장에 가본 적이 있는가? 그곳은 나에게 미켈란젤로가 수학의 이론을 얼마나 신뢰하고 있는지를 느끼게 해준 곳이다. 또한 믿어야만 행동할 수 있다는 사실을 깊이 각인시켜준 장소다.

1539년, 미켈란젤로는 교황 바오로 3세로부터 캄피돌리오 광장을 재정비할 것을 부탁받았다. 그는 등변사다리꼴의 성질을 활용하면 조화와 균형을 이루는 아름다운 건축물이 될 것이라는 믿음이 있었다. 그는 그러한 마음으로 작업을 시작했고, 오늘날의 캄피돌리오 광장이 완성됐다. 처음 캄피돌리오 광장은 지금의 모습과는 전혀 달랐다. 바닥도 평탄치 않았고 세 개의 궁전도 조화롭지 않게 배치되어 있었으며, 도시 방향에서의 진입로도 없었다.

미켈란젤로가 사용한 놀라운 아이디어를 이해하기 위해 다음의 상황을 떠올려보자. 보통 평행한 기찻길을 쳐다보면 멀리서 만나는 것처럼 보인다. 이와 달리 두 길이 멀

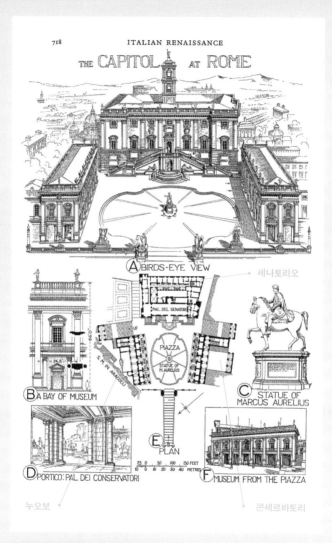

THE CAPITOL AT ROME

(A) BIRDS-EYE VIEW

세나토리오

(B) A BAY OF MUSEUM

(C) STATUE OF MARCUS AURELIUS

PAL. DEL SENATORE

S. M. IN ARACŒLI

PIAZZA

STATUE OF M. AURELIUS

(E) PLAN

25 0 50 100 150 FEET
10 0 10 20 30 40 METRES

(D) PORTICO: PAL. DEI CONSERVATORI

(F) MUSEUM FROM THE PIAZZA

누오보

콘세르바토리

캄피돌리오 광장을 위에서 내려다본 모습

리서 보아도 계속 평행하게 보이게 하려면 어떻게 해야 할까? 그것은 멀리 갈수록 두 길 사이의 폭을 넓어지게 하면 된다. 말하자면 윗변이 밑변보다 긴 등변사다리꼴(▽)처럼 설계하는 것이다. 이런 형태의 모양은 먼 곳도 가까이 있는 것처럼 보이게 한다.

캄피돌리오 광장의 도면을 보면 전면에 위치한 궁전(세나토리오Senatorio)과 오른쪽에 위치한 궁전(콘세르바토리Conservatori)이 직각을 이루는 것이 아니라 약간 안쪽으로 $80°$ 정도 위치에 배치되어 있음을 알 수 있다.

이 상황에서 미켈란젤로는 왼쪽 방향에 오른쪽 건물과 똑같은 모양의 궁전(누오보Nuovo)을 새로 지어 위의 건물과 이루는 각도가 오른쪽 건물과 이루는 각도와 정확히 일치하도록 배치해 등변사다리꼴 모습이 되도록 설계했다.

더불어 진입하는 계단도 등변사다리꼴 형태로 건축했다. 그는 사다리꼴의 형태를 연속적으로 이용해 건축함으로써 믿기 어려울 정도로 아름답고 놀라운 균형감을 이루어냈다.

도로에서 계단을 올라오면 광장에 있는 건물들의 전체 모습이 서서히 드러나는데, 연속적으로 이어지는 사다리꼴의 성질에 의해 어떤 건축물에서도 경험하지 못한 묘한 조화와 균형감이 느껴진다. 또한 열두 곳의 방향으로 펼쳐지는 타원의 기하학적인 구성도 광장의 등변사다리꼴 모양과 조화를 이룬다.

캄피돌리오 광장 곳곳에는 수학의 성질이 숨어 있다. 혹시 캄피돌리오 광장을 방문할 기회가 있다면 등변사다리꼴을 떠올리며 여유 있게 거닐어보라. 거장의 천재적인 아이디어와 섬세한 손길이 고스란히 느껴질 것이다.

미켈란젤로는 등변사다리꼴의 성질을 알고 이해하는 데서 그치지 않고 그것을 믿고 행동으로 옮겼다. 믿는다는 일이 상황에 따라서는 단순함을 나타내는 경우도 있겠지만, 믿어야만 행동하고 그것을 통해 발전하는 경우도 있다는 것을 나는 캄피돌리오 광장에서 깨달았다.

수학을 공부하면서 느끼는 것은 수학을 이해하는 데서 그치지 않고 수학 이론과 이야기하듯이 감정을 이입해 연구하는 사람들이 결국 훌륭한 수학자가 되었거나 되어가고 있다는 사실이다. 안다는 것과 믿는다는 것, 그리고 그것을 실천하는 일이 일치할 때 그것은 우리에게 조화와 균형과 아름다움을 선사한다. 약의 효능을 이해하고 믿고 그것을 실제로 먹었을 때의 효과와, 약의 효능은 이해하지만 믿음 없이 부정적인 마음으로 먹었을 때와의 효과는 분명 다른 결과를 가져온다.

많은 이들이 공부하거나 전문적인 어떤 분야를 연구할 때 이론을 이해하는 것과 믿는 것은 분명 다르다는 것을 알게 되기를 바란다. 그리고 이해하는 것에서 그치지 않고 믿고 실천함으로써 뜻하는 무언가를 꼭 이룰 수 있기를 바란다.

3부 '공간에 대응하는 수'에 의하면 1차
원, 2차원, 4차원 공간에는 각각 대응하
는 수가 있는 반면, 3차원 공간에는 대응
하는 수가 없다. 그것을 어떻게 알 수 있
을까?

1차원 공간인 직선에는 실수가 대응하고, 2차원
공간인 평면의 좌표 (a, b)에는 $a + bi$(a, b는 실
수 $i^2 = -1$) 형태로 나타나는 복소수가 대응하고,
4차원 공간에는 $a + bi + cj + dk$(a, b, c, d는 실수,
$i^2 = j^2 = k^2 = ijk = -1$)로 표현하는 4원수(해밀턴 수)

가 대응한다. 하지만 3차원 공간에는 대응하는 수가 없다.

이 문제는 수학적으로 증명해 설명할 수 있다. 물론 수학을 접한 지 오래된 분들에게는 어렵겠지만 논지를 잘 따라가면 의외로 쉽게 이해할 수도 있을 것이다.

3차원 공간에 대응하는 수가 있다고 가정하자. 그러면 세 개의 평면(xy 평면, yz 평면, zx 평면)을 품는 공간에 대응하는 수이므로 수의 확장 원리에 따라 3차원 공간의 좌표 (a, b, c)에 대응하는 수는 $a + bi + cj$로 표현해 a, b, c는 실수이고 $i^2 = j^2 = -1$이라는 조건을 만족해야 한다. 여기서 j와 i를 곱한 수인 ji도 3차원 공간에 있어야 하므로 $ji = a_1 + a_2 i + a_3 j$ (a_1, a_2, a_3는 실수)로 표현되어야 한다.

그런데 양변에 i를 곱하면 $jii = a_1 i + a_2 ii + a_3 ji$가 되고 $i^2 = -1$이며 오른쪽 변에 있는 ji는 $a_1 + a_2 i + a_3 j$로 쓸 수 있으므로 식을 정리하면 다음과 같다.

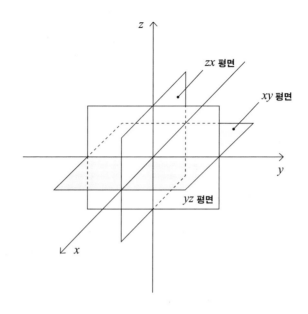

$$-j = a_1 i - a_2 + a_3(a_1 + a_2 i + a_3 j)$$

$$-j = a_3 a_1 - a_2 + (a_1 + a_2 a_3)i + a_3^2 j$$

위의 식을 좌표로 다시 표시하면 $(0, 0, -1) =$ $(a_3 a_1 - a_2, \ a_1 + a_2 a_3, \ a_3^2)$이 된다. 여기서 z축의 값을 비교하면 $a_3^2 = -1$이 되는데 a_3는 실수이므로 성립할 수 없는 모순이 된다. 그러므로 3차원 공간에 대응하는 수는 없다.

여기까지의 결과는 수학자들이 쉽게 유도해냈다. 문제는 4차원 공간이다. 해밀턴이 고안해낸 교환법칙이 성립하지 않는 수가 존재할 수 있다는 생각은 그 당시까지 아무도 생각해내지 못했고, 교환법칙이 성립하지 않는 4원수의 존재성은 그 자체로 당시 수학계에 엄청난 충격을 주었다.

모든 것의 근본이 되는 것

기원전 3000년경 이집트인들은 피라미드를 만들었다. 그런데 그들이 수학을 사용하지 않고 피라미드를 건축하는 일이 가능했을까? 그들에게는 그들 나름의 수학이 있었을 테고, 그들은 분명 그것을 활용했을 것이다.

그 오래전 피라미드를 건축할 만큼의 수준 높은 수학을 구사하였음이 놀랍지만, 그것보다 더 우리를 놀라게 하는 것은 기원전 500년경 그리스인들이 사용한 수학 방식이다. 그 수학 방식은 지금의 수학과 비교하더라도 수준이나 진정성에 있어서 전혀 뒤지지 않는다. 오히려 어떤 면에서는 현대 수학보다 더 탁월하고 더 장엄하고 더 감동적이다. 어떻게 그런 방식의 수학이 가능했고, 또 어떻게 시작되었는지에 대해 살펴보자.

그리스인들에게 수학은 본질을 추구하는 학문이었고, 그것은 자연스럽게 철학과 연계됐다. 그들은 수학을 통해 진정한 가치를 찾으려 했고, 그것이 곧 진리라고 생각했다.

그 대표적인 사람이 '피타고라스의 정리'로 잘 알려져 있는 수학자 피타고라스다. 그는 기원전 500년경, 수학을 통해 인간의 개혁을 꿈꾸었다. 그의 생각에 동조한 많은 사람에 의해 피타고라스학파가 형성되었고, 이는 하나의 종교화된 형상을 나타냈다.

그는 자신의 주장이나 논리를 제자들에게 글로 남기지 않고 말로써만 가르쳤고, 또 제자들도 그렇게 하도록 했다. 수학(진리)을 이해한다면 말만으로도 수학(진리)을 충분히 전할 수 있다고 생각했기 때문이다. 피타고라스학파 사람들이 글이나 어떤 문서로도 자신들의 업적을 남기지 않은 점은 대단히 아쉽지만 그들이 얼마나 진지하게 진리를 추구하며 자신의 삶을 바쳐 수학에 매진했는지에 대해서 전해지는 이야기들이 많다.

그 당시 이를 본 정치인들은 어떤 생각을 했을까? 예나 지금이나 사람들이 모이면 그것은 곧 세력이 된다. 누군가를 추종하는 사람들이 많아지는 것을 꺼렸던 당시 권력자들은 자연스럽게 피타고라스학파가 하나의 정치 세력이 되는 것을 두려워해 그들을 박해하고 핍박하며 죽음으로 내몰음으로써 피타고라스학파는 산산이 부서지게 된다.

피타고라스학파가 분해되고 난 뒤 그들의 연구가 부분부분 전해지다 보니, 유클리드가 나타나기 전 150년 동안은 그 내용의 전체적인 맥락이 잡히지 않은 상태였다. 150년 후, 알렉산드리아의 현인 유클리드는 인류 역사의 가장 위대한 작업 중 하나에 착수하게 된다. 그 작업은 바로 피타고라스학파의 소중한 연구들을 복원하는 것이었다.

유클리드는 이 연구들을 모아 열세 권의 책으로 만들었는데, 그것이 바로 『원론』이다. 유클리드가 왜 그 책의 제목을 수학 용어가 아닌 '원론elements'이라고 했을까? 그 점이 바로 우리가 이제까지 놓친 부분이며, 다시 되짚어보아야 할 부분이다.

'elements'는 모든 것의 근본을 이루는 요소라는 뜻이다. 즉 유클리드는 이 책을 기술하면서 단지 하나의 학문 분야를 서술하는 데 만족하지 않고, 모든 것의 근간이 되는 요소를 기술하기를 원했고, 그것이 곧 수학이라고 생각했다.

이 점은 피타고라스학파의 생각과도 일치하는 부분이다.

『원론』을 여기서 상세히 다 설명할 수는 없는 게 안타깝기는 하지만 원론을 자세히 읽어보면 감동적인 서사시라는 생각이 들지 않을 수 없다.『원론』이 왜 감동적인지를 이해하는 일이 곧 그것을 되살리는 일이다. 현재 죽어 있는 『원론』의 활자에서 당시 유클리드의 진리에 대한 처절한 갈구와 진정성을 이해하고, 수학의 정신을 회복하는 일이 이 시대가 수학에서 필요로 하는 점일 것이다.

원론의 구성은 상식적인 공리 다섯 개와 기하에 관계된 공리 다섯 개를 바탕으로, 결코 자명하지 않은 465개의 명제를 증명했다. 유클리드의『원론』이 정말로 놀라운 것은 465개의 명제에 대한 증명에 모두 그림을 그려 넣었다는 점이다.

그 당시에는 종이 대신 양피지를 사용했는데 그것의 가격이 대단히 비쌌다. 어떤 명제는 굳이 그림을 넣을 필요가 없는데도 그림을 그려 넣었다. 그런데 유클리드는 정작 가장 중요한 공리를 이해시키는 부분에서는 그림을 그려 넣지 않았다. 어쩌면 그는 이런 대비되는 점을 통해 후대 사람들에게 무언가를 전하고자 했는지도 모른다. 그 가장 중요한 공리 다섯 개는 다음과 같다.

공리 1: 모든 점에서 다른 모든 점으로 직선을 그릴 수 있다.

공리 2: 유한한 직선을 한 직선 안에서 계속해서 확장할 수 있다.

공리 3: 모든 점에서 모든 거리를 반지름으로 하는 원을 그릴 수 있다.

공리 4: 모든 직각은 서로 같다.

공리 5: 두 직선과 만나도록 그린 한 직선이 만드는 어느 한쪽의 두 내각을 더한 것이 두 배의 직각보다 작다고 하자. 그러면 두 직선을 무한히 길게 늘렸을 때, 두 직선은 내각의 합이 두 배의 직각보다 작은 쪽에서 만난다.

이 다섯 개의 공리야말로 가장 중요하며, 이것을 이해하는 것이 유클리드 『원론』의 핵심이다. 그런데 유클리드는 왜 가장 중요한 이 공리를 이해시키는 부분에서 그림을 그려 넣지 않았을까? 여기에는 놀라운 비밀이 숨겨져 있다.

유클리드는 이 다섯 개의 공리를 진리라고 보고, 진리는 그림이라는 보조 수단을 통하지 않고도 직관 때문에 알 수 있는 것으로 여겼다. 예를 들어 어떤 대상이 우리의 자연스러운 본성에 비추어볼 때 너무나 당연한 진리라면 그것을 설명하는 데 더 이상의 도움말은 필요 없다고 믿었다.

다시 말해 유클리드는 기하학의 다섯 개 공리를, 한낱 지식의 명제로 보지 않고 인간 본연의 마음으로 읽으면 당연히 알 수 있는 진리라고 인식한 것이다. 그러므로 그런 진리에 그림을 그려 넣는 것은 오히려 그것에 대한 모독이라고 생각했을 것이다. 유클리드는 『원론』을 통해 수학이라는 한 분야에 대해서만이 아니라 근원적인 학문 방법, 인간의 근본적인 문제에 대해 논하고자 했다.

유클리드의 공리 다섯 개는 플라톤이 말하는 결코 변하지 않는 진리인 이데아다. 그는 진리를 통해 그것이 나타내는 의미를 표현하고 싶었으며, 그래서 책의 제목을 '원론'이라고 했다. 이것은 유클리드 혼자만의 생각이 아니었다. 피타고라스로부터 플라톤을 거쳐 그리스의 지성 사회 바탕에 흐르고 있는 수학에 대한 성향이다. 그리스인들은 수학을 통해 진리를 추구하며 인간의 본질적인 향상을 꿈꾸었다.

그리스인들은 수학에는 자연을 해석하고 묘사하는 방

법론으로서의 한 측면과 플라톤의 이데아처럼 하나의 진리이고 그것을 통해 인간의 영혼을 고결하게 하는 종교와도 같은 측면이 있다고 생각했다. 그러나 중세에 이르러서는 진리가 곧 신의 말씀이었기에 이런 생각을 할 수 없었고, 르네상스 시대에 이르러 그리스 정신을 복원하고자 하는 운동이 일어나면서 수학 분야에도 동일한 움직임이 일기 시작했다.

그 움직임은 데카르트로부터 시작된다. 데카르트는 '나는 생각한다. 그러므로 나는 존재한다'는 격률을 통해 자신의 사상을 전개했다. 인간은 신이 없어도 생각하기 때문에 존재한다고 말하며 인간의 중요성을 언급했고, 그 생각은 그리스의 인본주의를 되살리는 것이기도 했다.

그러나 데카르트는 그리스의 수학을 되살리면서도 그리스 수학이 갖고 있던 이데아적인 측면과 인간의 본질을 향상시키는 종교적인 측면은 배제했다. 그는 인간이 가진 본유관념을 통해 자연과학의 기초 진리를 건설하고자 했고, 수학으로 환원할 수 있다면 그것은 본유관념과 일치하는 지식이라고 생각했다. 그러므로 모든 자연과학을 수학화하는 게 진리에 이르는 방법이라고 인식했다.

다시 말해 수학을 진리를 전개하는 하나의 수단으로 인식했으며, 그런 가운데 그리스인들이 원래 가지고 있던 목적으로서의 이데아라는 개념을 잃게 됐다. 수학에 대한 이런 태도는 근대와 현대로 이어졌으며, 이로써 그리스 시대에 종교화될 만큼 본질을 추구하던 수학의 매우 중요한 측면은 안타깝게도 도외시됐다.

이후로 수학은 자연과학의 아버지 또는 반대로 자연과학의 시녀로써 논리적 전개에 대한 수단으로 전락했다. 이 이후로도 수학에 대한 논의는 이데아적인 측면보다 논리적 정확성과 활용성 등에 초점을 맞추었고, 이런 양상은 근대를 거쳐 오늘날에까지 이르고 있다.

그런데 한편으로 생각해보면 유클리드 시대의 기하는 기원전 300년 때쯤의 지식인데, 그때의 지식이 2300여 년을 거쳐 우리에게까지 고스란히 전수되고 있다는 것은 거의 기적에 가까운 일이다. 긴 세월 동안 변치 않고 그 모습을 지켜낸 데는 분명한 이유가 있을 것이다. 그리고 그 이유를 찾아내는 것이 원래의 모습을 복원하는 일이며, 그 과정 속에 감동이 없을 수는 없다.

수학을 공부한다는 것은 수학이 원래 가지고 있던 깊고

역동적인 의미의 과정을 이해하는 일이며, 이 과정을 통해 감동을 갖는 일이다. 그러므로 수학을 배우고 가르치는 가장 큰 목표는 어떻게든지 이 감동을 되찾아내는 것이다. 우리의 아이들이 이제라도 방법론적인 측면보다 본질을 추구하는 정신에 입각해 수학을 가르치고 배우는 교육 환경에서 아름다움의 가치를 체득하며 성장하기를 희망한다.

KI신서 8038

이토록 아름다운 수학이라면

1판 1쇄 발행 2019년 3월 11일
1판 15쇄 발행 2024년 5월 30일

지은이 최영기
펴낸이 김영곤
펴낸곳 ㈜북이십일 21세기북스

서가명강팀장 강지은 **서가명강팀** 박강민 서윤아
디자인 THIS-COVER
출판마케팅영업본부장 한충희
마케팅2팀 나은경 정유진 백다희 이민재
출판영업팀 최명열 김다운 김도연 권채영
제작팀 이영민 권경민

출판등록 2000년 5월 6일 제406-2003-061호
주소 (10881) 경기도 파주시 회동길 201 (문발동)
대표전화 031-955-2100 **팩스** 031-955-2151 **이메일** book21@book21.co.kr

(주)북이십일 경계를 허무는 콘텐츠 리더

21세기북스 채널에서 도서 정보와 다양한 영상자료, 이벤트를 만나세요!
페이스북 facebook.com/jiinpill21   포스트 post.naver.com/21c_editors
인스타그램 instagram.com/jiinpill21   홈페이지 www.book21.com
유튜브 youtube.com/book21pub
서울대 가지 않아도 들을 수 있는 **명강**의! 〈서가명강〉
유튜브, 네이버, 팟캐스트에서 '서가명강'을 검색해보세요!

ⓒ 최영기, 2019

ISBN 978-89-509-7995-9 04300
         978-89-509-7942-3 (세트)